部下の育成は仕組みが9割

6000の現場で磨かれた実践メソッド

人材育成コンサルタント
IMソリューションズ株式会社
代表取締役
岡本陽

みらい PUBLISHING

はじめに

人が変わるのを待つよりも倍速く、部下も組織も成長する方法

言葉が通じない部下にイラっとすることはありませんか。

指示したことをやらない

１ＯＮ１をしても何もいわない、変わらない

そういう部下たちにどうすれば良いのか分からず、できない自分にもストレスを感じてしまう。けれどもし、彼ら彼女らが仕事を任せられる部下に成長したらどうでしょうか。

その方法が、部下も自分も変えずにできるとしたら、知りたいと思いませんか。

では、何を変えるのか。

それは「育成の仕組み」です。

会社全体の仕組みではなく、あくまで自分の手に届く範囲内だけでかまいません。

やり方を変えるだけで、部下が成長し、自分で考えて行動するようになれば、上司は空

いた時間で、新たな業務に取り組むことができます。当然、こうした部下と上司の成長は、組織の成長そのものと直結するので、業績にも影響を与えます。

仕組みを変えることで、人が変わり、結果として組織を変えていくのです。

私はかつて、人的リソースの質と、短期的な結果を求める営業のアウトソーシング会社に在籍していました。そこで、営業のプロジェクトマネージャーをしながら、問題のある社員を預かり再教育するという役割を任せられていました。

あるとき、パフォーマンスが低く教育をしても変化しない社員が、プロジェクトから戦力外通告をされました。そのプロジェクトマネージャーによると、言葉が通じない、指示しても変わらない、改善の意思が見えない、というダメさ加減でした。

私は、まずその社員にじっくり話を聞いた上で、1ヶ月間、基本的な業務を何度も何度も反復させました。次に、成果が出たときと、出なかったときの違いを説明し、認識させました。

すると3ヶ月目には成果が表れはじめ、半年もしないうちに戦力外通告を受けたプロジェクトに返り咲き、その後はエースとして活躍するようになったのです。

その後、彼はそのプロジェクトでエースとして活躍した後にマネージャーに抜擢され、何人も部下を育てました。
私が退職するときに「岡本さんは仕事での育ての親だと思っています。この後も私が岡本さんの『孫』を育てていきますよ」といってくれました。

本書では、手のかかる部下を、仕事を任せられる部下へ成長させる方法についてお話しします。
しかも、部下を無理やり変えようとせず、自分自身も変える必要もなく、仕組みを変えることで部下を育成する方法を3ステップで説明します。

基礎編・・・部下を育成するための土台づくり
実践編・・・部下を成長させる仕組みづくり
ステップ1・・・習慣化で部下に経験値を蓄積させる
ステップ2・・・部下に上司の思考プロセスを学ばせる
ステップ3・・・自由な発想で行動させる
これらの手順を確実にこなすことにより部下の行動が3ヶ月で変化していきます。

本書を読み、実践することで部下の変化を感じ、部下の成長を実感すると思います。そのためには、必ず基礎編である環境づくりから実践してください。そして、部下の状況に合わせてステップ１からステップ３を読み返してください。

ステップ３まで実践すると、自分のチームが「動き出す」のを体感すると思います。そうするとあなたは人材育成のストレスから解放され、やりたかったことにチャレンジでき、自由に活動できます。

岡本陽

目次

はじめに
人が変わるのを待つよりも速く、部下も組織も成長する方法 …… 2

1章
「部下が変わらない」と嘆く上司の5つの現状

1 今すぐ動かなければならない現場に立っている …… 15
2 上司と部下では見ている世界が違う …… 17
3 上司の常識は部下の非常識？ …… 19
4 伝わったと思っていても、伝わっていない …… 21
5 一番困っているのは部下だと気づいていない …… 23
現場SOS① うちの仕事にはあてはまらないよ …… 26

2章 基礎編

部下を育成するための土台づくり

1 「伝わったかどうか」を感じながら話をするだけで、伝わります …… 30
2 1ON1とは、部下の価値感をさぐる時間 …… 37
3 部下の言葉を先回りしていませんか？ …… 40
4 部下と話すとき、目線の違いが「圧」を掛けてしまう …… 45
5 「そうだね、でも……」は聞いているふうを装った、聞いていない …… 50
6 「どう思う？」という投げ掛けが、やる気を引き出すとは限りません …… 54
現場SOS② どうして俺が部下の顔色をうかがわなければならないのか！ …… 60
本当に部下が変わるのか?!【エピソード①】
離職率が激減！ 後輩を育てる先輩になった部下たち …… 63

3章 実践編

部下を成長させる仕組みづくり

ステップ1 習慣化で部下に経験値を蓄積させる …… 68

1 「え、そこから?!」と驚くほど基礎の基礎から教える …… 68

2 「考えさせる」ためには、まず「考えさせない」ことからはじめる …… 78

3 「仕事をする理由」が部下にとってメリットになると伝える …… 84

4 ただひたすら同じ作業で仕事に慣れさせる …… 90

5 反復行動から学びがあると体感させる …… 94

現場SOS③ ストレス全開! 怒る? それとも叱る? …… 102

ステップ2 思考プロセスをなぞらせ、指示通り行動させる …… 105

1 最終的なアウトプットだけでは、結果にはたどり着かない …… 105

2 制作過程を見せることで、思考プロセスをコピーさせる …… 109

3 「甘やかさない」とは、どこまでできるか見極めること …… 114

4 チャレンジさせる次の指示は、部下の現在値を知ってから……118
5 理解できているか測るための、外してはいけない最後の確認……124
6 部下を潰さない、えげつない（？）負荷の掛け方……128

本当に部下が変わるのか?!【エピソード②】
いつもお通夜だったのに、話すようになったと喜ぶ社長……134

ステップ3 合わないルールは変えろ?! 自由に発想させるための環境づくり……138
1 上司ほど、ルールという固定概念にとらわれやすいと知っておく……139
2 ちょっとまって！ 仕事のための仕事を増やしていませんか？……144
3 ルールを改善するときにぶつかる現状維持派……149
4 さあ！「ノールール」で新しいことをやらせてあげましょう……154

現場SOS④ 採用コストの回収ができない?!……168

本当に部下が変わるのか?!【エピソード③】
手のかかる部下から、立派なマネージャーに?! …… 170

4章 部下育成の仕組みづくりがもたらす最大の成果とは

1 育成スキルが職場に与える効果 …… 174
2 上司から部下へ受け継がれる想いが組織を育てる …… 178
3 自由に生きる …… 180

おわりに

「人を変えようとしなければ、人が変わる」逆説的な進化論 …… 184

あとがきと謝辞

…… 186

1章

「部下が変わらない」と嘆く上司の5つの現状

上司の悩みの中のほとんどは、部下のことではないでしょうか。人が足りなくて悩む、新しく部下が入って悩む、新人の育成に悩む、中堅のモチベーション維持に悩む、ベテランには後輩の模範になってもらいたいと悩む、部下同士の相性で悩む、と、悩みは尽きません。

部下が動いてくれない状況は、水の中で思うように進めない感覚によく似ています。特に管理職になりたての頃は、思ったように動けない感覚を味わいます。それまでは自分で自由に考え、実行し成果を出してきたと思います。（だから出世したのです。）それに比べ今の不自由な状況を感じて、「もし自分だったら」と思ってしまいます。

だからといって、「部下が成長するまで待てない」し「先が見えていない部下の見通しの悪さが気になる」し、「自分なら当然そう考えるという常識が通じない」し、「何度説明しても理解していない」し、何より「何もいってくれないから助けてやれない」のです。

なぜうまくいかないのか、そんな上司の現状を紐解いていきましょう。

1　今すぐ動かなければならない現場に立っている

部下が成長すればうまくいく、部下が変わってくれさえすれば、という言葉をよく聞きます。また、非常に達観したような口調で「人は成長するタイミングで自然と成長してゆくもの、成長させるなんておこがましいことですよ」。だから成長するまで待つしかない、という話です。

私は常々、「人は自ら成長する、我々は成長の手伝いをしているに過ぎない」と説明しますので、いっていることはある程度理解できますが、だからといって人が自然に成長するに任せた方が良いかというと、それが得策だとは思いません。この主張は、人がどのような経験を通じて成長してゆくのかがイメージできていないと思います。

また、人の成長を人間性の成長と捉えている方も多いです。部下を育成するために自分の人間性を磨きなさい、人間性が磨かれると自然と部下も変わります、と、精神論的なアドバイスをする人がいます。

私は人間性を高めることで部下が育成されるのではなく、部下を育成することで自分自身が成長すると考えています。これは、はじめから親であるのではなく、子どもの成長を見守っていくうちに親となる、といわれるのと同じことだと思うのです。

仮に、自分の人間性を磨くと部下が成長したとしても、磨くのにどれだけ時間が掛かるのでしょう。自分が変わるのを待ちますか？

企業は、刻々と変化している世の中と対峙しながら、自分や会社の生き残りをかけた戦いを繰り広げています。

そこで、部下が自然と成長するまで待ちますか？　チャンスが目の前にあるのに、部下が成長していないので今はやめておこうなんて、判断を下すのはナンセンスです。上司からの指示に、部下が育っていないからできませんといえる環境なんてないですよね。あなたは、すぐに動かなければならない現場に立っているはずです。

部下が成長するまで待つなんて、そんな悠長にいっていられないことが現状です。

2 上司と部下では見ている世界が違う

上司は先が見えていない部下の見通しの悪さが気になり、「そんなことはちょっと考えれば分かるだろう！」などと考えてしまいがちです。

「××社は○○なんだから△△しないといけないじゃないか！」と部下を叱責している上司を時々見掛けます。

そのときの部下の顔を見ると、「聞いてないよ」という表情をしていたので、「あ、上司のいっている××社の○○という前提条件を知らなかったのだろうな」と分かりました。

私も新入社員の頃に上司から、○×社は取引条件を交渉中なので、今提案を出すと取引条件の変更交渉中に足もとを見られて不利になってしまうじゃないか！　と怒られたことがあります。

当時の私は、取引条件が交渉中であることを知りませんでしたので、上司の叱責はとても理不尽に感じました。同時に、上司は自分の知らない情報を持っているのだなと気づいたのです。

さて、こういった場合、知らない部下が悪いのでしょうか。知らせていない上司が悪いのでしょうか。私は、より良い仕事をするために、情報収集することは必要であり、情報は能動的に取りにいかなければならないと考えています。

しかし、最前線の現場で仕事をしている人は手もとや足もとの情報は入ってきやすいですが、俯瞰的な視点の情報は入手しづらいです。ましてや、世の中の変化の兆しなどについてはなかなか気づきません。

「虫の目、鳥の目、魚の目」という言葉を聞いたことがあるでしょう。複眼の虫の目のような多角的視点、高い空を飛ぶ鳥の目のような俯瞰的視点、海を泳ぐ魚の目のように流れを読む視点、これらをもって物事と向き合う姿勢が大切ということです。

部下には、そもそも知らない情報が多くあり、得た情報の使い方も分からない、情報の取捨選択をする判断材料としての経験値が少ない、という想定をしておかなければいけません。この認識を持たないと、上司と部下には情報の非対称性が生じてしまいます。

つまり部下は上司が持っている情報を知らない、あるいは認識していない可能性がある

という「前提で」指示を出す必要があります。

そして、重要な情報かどうかの判断をさせるために、たとえば、あなたの判断を「なぞらせ」、重要な情報の痕跡を感じさせるといった訓練が重要です。

同時に、能動的に情報を収集させるため、ジャンルに応じて、どこで情報を収集できるか教える必要があるのです。

3　上司の常識は部下の非常識？

団塊の世代、さとり世代、Z世代など○○世代という言葉があります。

それぞれの世代で育ってきた時代背景が異なるため、物事の見方や価値観が異なるという話です。

たとえば、コップの中にちょうど半分の水が入っています。あなたは、「まだ半分ある」と考えますか、もしくは「もう半分しかない」と考えますか。

私は、管理職育成やコミュニケーションのセミナーや研修で、この質問をよくします。

一般的に、リスクを回避する傾向のときは「もう」という考え方になり、リスクを取りに行くときは「まだ」になります。
このように質問されると、「それは人によって違うだろう」と思われるかもしれません。しかし、仕事の場面においては、「人によって違うだろう」と考えているでしょうか。気づかないうちに、つい「もう水が半分しかないじゃないか、どうして補充しないんだ！常識だろう！」などの発言をしていないでしょうか。

質問を変えます。上司に「この仕事をすぐにしておいて」と指示されたとします。この場合の「すぐ」とはどれぐらいの時間でしょうか？

① ほかの仕事を放り出しても先にする
② 1時間以内に完了させる
③ 今日中に完了させる
④ 一週間以内に完了させる

いかがですか。私はこの質問もよくします。
回答が一番多いのは②、次いで③、①、最後に④がくる傾向があります。これは、同じ会社の同じ「課長」という役職の方へ質問しても、答えがばらつく傾向があるのです。

先の指示は、「いつまでに」を提示していないことや、明確に確認しなかったことが問題ではありますが、本当の原因は、自分の中の常識と他人の常識の違いを認識せずに会話をしていることなのです。

たとえばモチベーションを仕事に求めるか、それとも仕事以外に求めるかという点も原因としてあげられます。頑張って仕事をして出世し、高い給料をもらうか、仕事はそこそこにしてプライベートを充実させるかの違いです。

特に、私のような、現在50歳前後ぐらいの世代の人間だと、「仕事こそ、人に認められてこそ、稼いでこそ」という価値観を持っている人が多かったのですが、多様化している現代では、それらの価値観がすべてではないのです。だからこそ、自分が常識と思っている同じ価値観を、部下が持っていると思わないようにしてください。

4　伝わったと思っていても、伝わっていない

あなたは、「部下に何度も説明したのになんで実行していないのだろう」、とため息が出

るような経験をしたことはありませんか。

理由は、

①そもそも話を聞いていない
②聞いたけれど認識できていない
③認識したがどう行動すれば良いのかが分からない

などが想定できますが、多くの場合は、②に起因します。

というのも、上司はいえば分かるだろうと「言葉」で説明していますが、多くの部下はその言葉の内容や意味を認識できていないのです。

あなたは何をもって伝わったと感じていますか。

相手が顔を自分の方に向けていたとしても、あるいは目をしっかり見ていたとしても、うんうんと相槌を打っていたとしても、あなたの言葉が伝わっているとは限りません。

特に、日本人は習慣的に相手の顔を見てうなずきます。これは意識していない自然な動作です。伝わったと思ってはいけません。

特に、ミーティングの際に上司が会社の方針などを伝えているとき、多くの部下は、上司の思惑通りのことは考えられていません。

上司の言葉からいろいろなことを連想してしまいそれが気になっていたり、話の全体像がつかめていなかったり、自分には関係ないと思っていたり、あるいは、次の会議中に発表する内容を頭の中で考えていたり、しています。

言葉を聞いてはいるけれども頭の中に内容が入ってきておらず、意味のあるメッセージとして理解できていません。そのため、重要なことなのか必要なことなのかの判断がつかず、次の行動につながらないのです。

上司は伝えたつもりでも、このように伝わっていないということが発生します。つまり、伝わるように伝えることが重要になるのです。後に話をしますが「伝える努力」と「伝わる努力」をする必要があります。

5　一番困っているのは部下だと気づいていない

仕事ができない部下を持つと上司は苦労します。しかし、一番困っているのは部下自身なのです。それは、単に上司から叱責されるからではありません。

仕事ができないことが続くと働くことに価値を見出せなくなり、それが続けば、自分に対して価値を感じなくなってしまうのです。

誰しも叱られることはいやですよね。

特に、叱られ慣れていない若い人はとてもナイーブです。人前で叱責を受けると、恥ずかしくて、悔しくて、ここに居たくないと感じます。

叱責された上司に苦手意識を持ち、コミュニケーションを避けるようになります。こういった状態が続くと、苦手意識は仕事や会社自体に向いて業務ができなくなり、いずれは出勤できなくなる、というような悪循環におちいることになります。

「叱られるのは相手が悪いんだ、できが悪いことで仕事自体がいやになるなんて本末転倒、自業自得だよ」「自分に価値を感じなくなるといわれても、そこまで責任持てないよ」と思っていませんか。

たとえばあなたは、学生時代に勉強やスポーツ、部活動をしていて、どうすればうまくいくのか分からない、なぜできないかが分からない、と試行錯誤した経験はありませんか。

このようにいうと、「学生と社会人は違う」と反論する方がいますが、できないことを悩み、なんとかしようと考えている点では、昔のあなたは、今目の前にいるできない部下と同じだったのではないでしょうか。

ましてや、学生のときと違い、部下は毎日の業務をこなさなければならない状況であり「練習」の時間もありません。上司はいるが、答えを教えてくれる教師、顧問、コーチ、監督がいるわけではありませんので、自力で答えを見つけなければなりません。

はじめて経験することから、内容を理解し、できるようになるために習得するという点では、同じことではないでしょうか。

上司は部下が成長しないと悩んでいるが、部下も自分の価値について悩んでいるのです。

お互いの悩みを解決するために、判断できるための情報を蓄積し、「正常の範囲」を理解し「条件変更」に対応させるという手順を踏み、正しく試行錯誤させることが重要になります。

そのためには、部下を育成するための土台づくりをきちんと行っておく必要があります。

土台づくりを行わないと、正しく試行錯誤ができず育成につながらなくなってしまいます。

現場SOS① うちの仕事にはあてはまらないよ

セミナーや研修をするとよくいわれる（アンケートに書かれている）ことがあります。「参考にはなったが、当社の業務は定型的な仕事ではないので合わない」という回答です。ですが、実は、一方でセミナーや研修終了後に、わざわざ講師席まで来ていただき名刺交換をしながら「理論ではなく現場の対応方法がよく分かる、これはどんな仕事にも応用できると思う」といっていただくこともあります。もちろん講師へのリップサービスの場合もあると思いますが、同じタイミングで受講していただいた方から全く逆の反応があります。こういう反応があると、話の内容がピンとこなかったのかな？　取り上げた事例が合わなかったのかな？　と反省しています。

このメソッドは自分自身の経験と、資格試験や研修や書籍から学んだ体系的な知識と、コンサルタントとして第三者視点で関わらせていただいた経験から生み出されたものです。それなので、どのような仕事にもあてはまると考えています。

ただし、これからお話する方法の効果が出にくい会社があります。それは、一定以上の能力があることを前提に高い報酬を払って人を雇い、成果が出なければ短期間で退職させる会社と、社員の人としての尊厳や人の成長を無視したハラスメントが横行しているいわゆる「ブラック」な会社です。

この二つに共通しているのは「社員は代替えがきくことを前提としている」ことです。社内の問題を解決するためにお話をお伺いすると、多くの場合「ウチの会社は特殊だから」「ウチはほかと違うから」とよくいわれます。しかし、どの会社も「組織」である以上は社内手続きがありますので定型的な業務は必ずあります。非定型的な業務が中心であったとしてもそれは同様です。また、「非定型」だからこそ考え方を身に付けさせるために「思考プロセスをなぞらせる」必要があります。

つまり、この方法はほとんどすべての企業で活用できるのです。本書を読みながら、あなたの仕事ではどのように使うことができるかを、ぜひ想像しながら読んでいただければと思います。

2章 基礎編

部下を育成するための土台づくり

序章では、うまくいっていない上司が抱えている現状について話しました。部下と上司における、立場や視点、考え方の違いなどによるエラーがあることに気づいていただけたかと思います。

ではどのようにして、世代や考え方も全く違う部下と向き合っていけばいいのでしょうか。

まずは育成するための、環境を整えることが先決です。そこでコミュニケーションの取り方や考え方について、ポイントをあげていきます。

1 「伝わったかどうか」を感じながら話をするだけで、伝わります

「管理職に対して、部下とのコミュニケーションについての研修をやってほしい」とのご依頼が多くあります。前章でも触れましたが、様々な企業を訪問して管理職の方と話をすると、この「伝わらない」という悩みをよく聞きますが、これはあらゆる場面であらゆる人が持つ思いではないでしょうか。

話の内容やタイミング、上司と部下の関係性、人物や状況の背景など状況が様々なので、唯一の解決策はないのですが、相手に話が通じないときに共通する要素があります。それ

は、上司が「伝えたつもりになっている」ことです。

「伝える」と「伝わる」では、意味合いが大きく異なります。

「伝える」とは、自分の言葉を受け手に届けるための行為で、いわば、伝え手側が単独で能動的に行う行為です。

対して「伝わる」とは、自分の言葉を受け手が理解することで完了となります。受け手側に意図を理解してもらえるように反応を見ながら話す行為で、伝え手と受け手の相互の関係性が必要となるのです。


上司は相手にきちんと「伝わる」ように努力をしなければなりません。

ところが「部下が自分で上司の言葉を理解するように努力すべきではないか」、「なんで俺がそこまでしなければならないんだ！」など不快感をあらわにし、自分には非がないと主張する方がいます。

上司には非がないのでしょうか？

もし非がないとしても放置していても良いのでしょうか？

部下とのコミュニケーションがうまくいかず困っているかもしれませんが、それによって引き起こされる結果の責任を取るのは上司です。

また、成果が出せない部下がいて、管理不行き届きと評価されるのも上司です。よって、部下とのコミュニケーションにおいて改善策を施すのは上司の役割なのです。

さて、コミュニケーションは「言葉のキャッチボール」だとよくたとえられます。私のような、現在50歳前後ぐらいの世代は子どもの頃の遊びは草野球が日常的でしたので、はじめてキャッチボールをした相手は、父親でした。最初に教わったことは、相手をしっかり見て、相手に向かってつま先を向け、体の正面も相手に向ける、そして、相手が球を取りやすいように胸あたりをねらって投げなさいということでした。

・相手を見る
・相手につま先と体を向ける
・相手の胸あたりに向かって投げる

このキャッチボールの動作を、言語を用いたコミュニケーションに置きかえてみると、

・話す相手とアイコンタクトを交わす

・話す相手に向かって顔と体を向ける
・話す相手が受け取りやすい言葉を選ぶ

という動作になります。

あなたが部下と会話をする際、いかがでしょうか。

相手の顔を見ずに手元のパソコンを見て話をしていませんか。パソコンを操作しながらでも部下の言葉は聞こえているし、回答もできるかもしれません。しかし、円滑なコミュニケーションを取る上では、部下の顔を見てアイコンタクトを取りながら話をすることが重要です。

あるいは会議の際、プロジェクターから投影されるスライドや手元の資料に向かって話をしていませんか。声は会議室中に響いているかもしれませんが、部下は自分には関係ないと思って聞き流しています。

キャッチボールと会話

キャッチボール

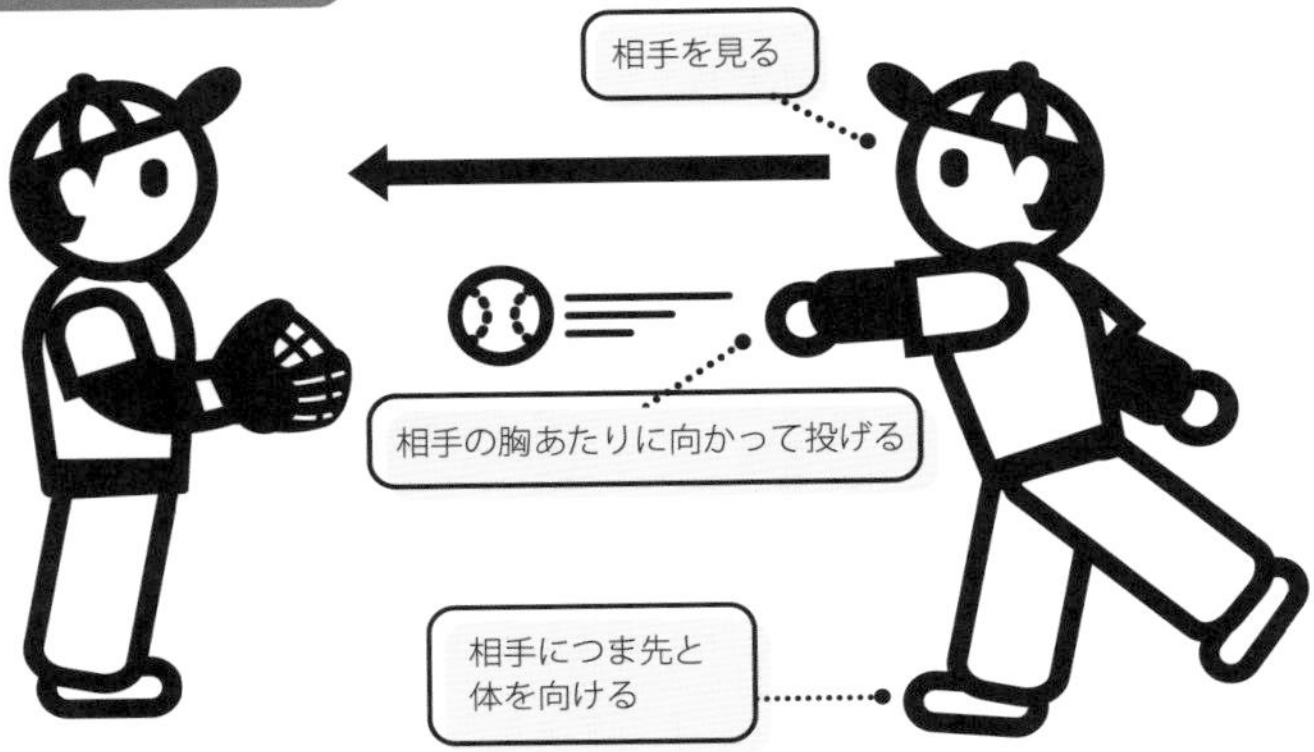
相手を見る
相手の胸あたりに向かって投げる
相手につま先と
体を向ける

会　話

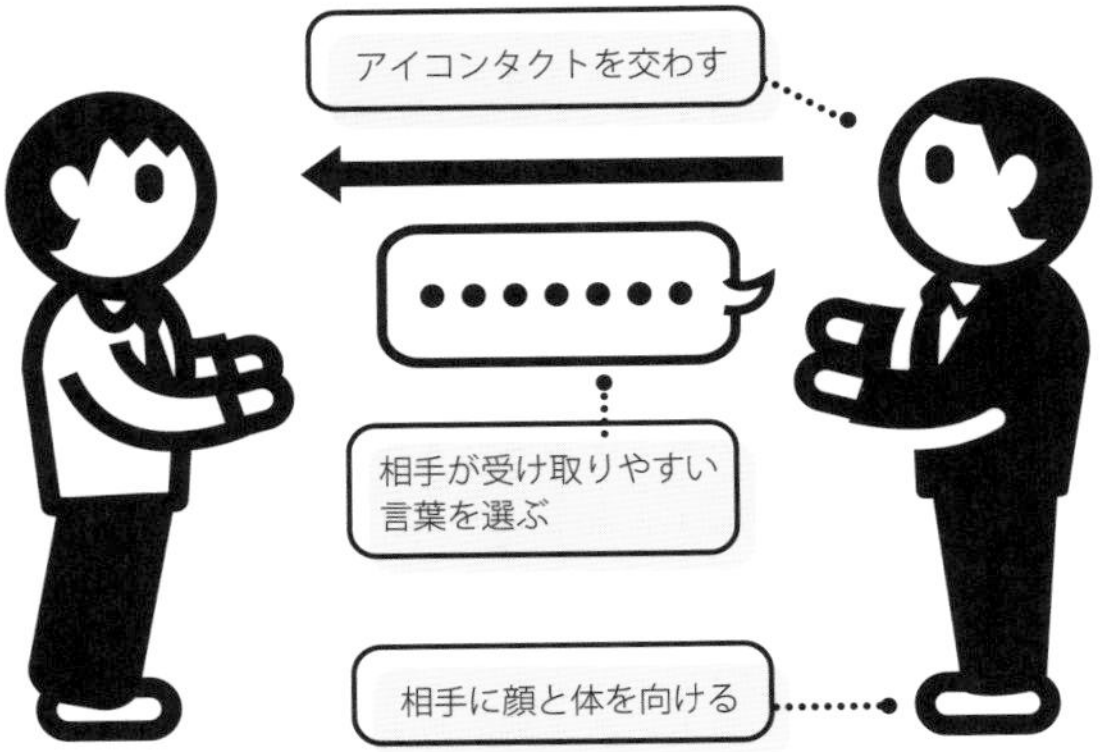
アイコンタクトを交わす
•••••••
相手が受け取りやすい
言葉を選ぶ
相手に顔と体を向ける

ビジネス用語を駆使して説明していませんか。あなたが普段から見ているニュースやビジネス書で使われている言葉を多用していませんか。残念ながら部下の中にはそれらの用語を知らない人もいるのです。口には出しませんが、部下は「意味がよく分からない」、と思っていますし、「難しい言葉を使っている自分に酔っているんじゃないか」、などと思っている人もいます。

まずは、上司として、アイコンタクト、顔と体を向ける、使う言葉を吟味する、の3点を実行する必要があります。改善できると、今までより格段に相手に自分の話が伝わりやすくなるでしょう。ただし、これらの動作はいわゆる、「伝える」努力です。

昭和の有名な放送作家の永六輔さんは、ご自身のラジオ番組で「伝える努力よりも、伝わる努力をしなさい」といわれていたそうです。上司は伝える努力だけでなく、「伝わる」努力もする必要があります。

では、伝わる努力とはどのようなことでしょうか。

・どのように行動してほしいかを具体的に伝える

・自分がそう考えた理由を伝える
・相手が自分の話をどう思っているかを確認する

であると考えています。

「相手がどう受け取ったか」については、伝えた内容の理解度を確認するだけでなく、ときには面白そう、チャレンジしてみたい、厳しそう、できれば避けたい、などの感覚的・感情的なフィードバックがある場合もあります。

我々は感覚的な言葉を避ける傾向があります。「仕事は論理的にするもので感覚的にものをいってはいけない」、「好きとか嫌いとかいってはいけない」どこかそんなふうに考えているからだと思います。

しかし、部下から感覚的・感情的なフィードバックを受けるのは、相互の理解を深めるために、非常に重要なことなのです。

注意点は、あくまでも、「伝える」努力をした上で、「伝わる」努力の3つすべてを実行する必要があります。

すると部下の反応がきちんと読み取れるのです。

部下の反応が読み取れなければ、「伝える」も「伝わる」もなくただの情報伝達となり、全く伝わらなくなってしまいます。

2　1ON1とは、部下の価値感をさぐる時間

ある日突然、「我が社も1ON1を取り入れることになりました、管理職のみなさんは来月から実施してください」、と具体的な説明もなしに上司や人事部などから指示され、部下と1対1で何を話したら良いのか分からないと悩む管理職の方々も多いでしょう。

あなたは1ON1で部下とどんな話をしていますか。単に1対1で話をすることだと思って、今の仕事の話をすれば良いと考える方もいます。また、1ON1とはなんだろうとインターネットなどで調べ、「部下との信頼関係をつくるためのコミュニケーションの場で、仕事中には忙しくて聞けないプライベートの話をする場」と書いてあるので、勢いあまって、「休みの日は何しているの?」と質問して、部下に嫌な顔をされる方も多いはずです。

このように、現在進行形の仕事の指示ばかりしているか、プライベートの話をして引かれるかの両極端な印象を受けます。私は、本来の1ON1の目的はお互いの価値観を確認し共有するものだと考えています。

私は、部下と個々に話をすることは非常に重要だと考えていますが、このような1ON1のやり方で部下との間に信頼関係をつくることはできるのでしょうか。もちろん、仕事がスムーズに進んだり、部下が抱えている仕事上の課題を解決したりすることもできるかもしれないので、多少なりとも関係は良くなると思います。

しかし、確固たる信頼関係を築くためには、上司と部下以前に、人対人の関係性をつくるためのコミュニケーションが必要となります。

そのための方法として、コミュニケーションの研修講師から、仕事に対する価値観や将来の話をしてくださいと教えられることがあります。たしかに、相手の価値観を知ることはとても重要だと思いますが、唐突に「仕事をする上で大切にしていることは何?」「将来はどんな人生を送りたい?」と聞いても、ポカンとした顔をされるだけです。

多くの日本人は、自分の感情や将来などのパーソナルな部分について話をする訓練を受けていないので、自分の価値観を言語化することに慣れていない人もいます。では、相手の価値観を知るためには、どのような話をすれば良いのでしょうか。

それは「仕事の話」です。

仕事の話といっても、仕事の指示ではなく、仕事の感想を聞くのです。目の前の仕事の話ではなく、少し時間が経過した過去の出来事です。「あのときは大変でした」「やった！　って感じでした」などと、部下自身が振り返るエピソードを「聴く」のです。

一対一で話をしたことさえない場合は、個人としての信頼関係はまだ弱く、お互いに共通の話題も見つけ出せていない状況だと思います。

繰り返していると、部下が嬉しいと思うこと、やりがいを感じること、悔しいと思うことなど相手の価値観が分かってきます。そうしたら「○○さんは○○のときが楽しいんだね」とか、「××さんは××は嫌なんだね」と声を掛けてください。その積み重ねが信頼関係の構築へとつながります。

3　部下の言葉を先回りしていませんか？

あなたは部下の報告を聞くとき、部下が話し終える前に、多くの場合話の「オチ」が分かりますよね。それは部下よりも知識と経験の蓄積があるためです。だからこそ管理職になったともいえます。

そして部下の報告に対して、ズバズバと的確に指示を出していると、なんだか自分が頼れる上司だと思えたり、仕事をこなしているという感覚を持てたりするのではないでしょうか。

しかし、問題が二つあります。

✓問題点1　信頼関係が損なわれます

コミュニケーションの大家で後世に多大な影響を与えたとして有名な、デール・カーネギーの著書『人を動かす』（株式会社創元社　改訂文庫版　発売日2023年9月10日　訳者　山口　博）の「人を説得する十二の法則」中に「友達同士の間柄でも、相手の自慢話を聞くよりも、自分の手柄話を聞かせたいものなのだ」と書かれており、どんな人も潜在的に自分の話を聞いてほしいと思っているのです。逆に、話を聞いてくれない人に対して不満を持ちます。

✓問題点2　事実を最後まで確認しないことでミスジャッジにつながる

話のオチが見えたからといって、報告を中断させてしまうと、詳細な事実確認を怠ったことになり、ミスジャッジが発生する可能性があります。部下は内心、「いや、その対策ではダメなんだけど……」と思っても、「どうせ話を聞いてくれなさそうなので、黙って従っておくか」となります。

そして、そのミスジャッジのせいで成果が出なかったり、クレームが発生したりすると、あなたに対する信頼は低下します。

部下の話を最後まで聞かないと起こる問題

問題点 1

信頼関係の損失

問題点 2

詳細な事実確認ができず、ミスジャッジ
↓
ミス・クレーム発生
↓
部下からの
信頼低下

あなたのミスジャッジによって部下が行動した結果、部下に対して「なぜ、成果が出ないんだ!」「クレームが出たじゃないか!」と叱り飛ばそうものなら、ますます反感を買うことは間違いありません。あなたの上司からも「管理不行き届き」「マネジメントができてない」と叱責されるかもしれません。

このように、話を最後まで聞かない代償は、あなたも支払わなければならなくなります。

また、最近は正確に「オチ」を予測することが難しくなってきています。社会の変化が速くなっていて「過去の延長線上に未来があるか分からない」からです。過去の経験から単純に判断するのではなく、一つひとつの事柄を個別に考えなければならないのです。

働く人の意識が変化している中、共通の価値観を持ちにくくなっていることもあげられます。たとえば、会社の価値観であるミッションやビジョンが共有され、自分自身の働くことの目的や意義がお互いに共有されている組織であれば、導かれるべき方向性や思考プロセスを理解しやすくなり、言語によるコミュニケーション不足を補ってくれるでしょう。

しかし、価値観が多様化すると方向性や思考プロセスがお互いに理解しにくいため、相互の理解が進みにくくなり、言語によるコミュニケーションの不足を補うことができにくくなります。

私は先ほど、「過去の延長線上に未来があるかどうか分からない」と話しましたが、過去の経験が役に立たないということではありません。人は蓄積された経験から学ぶ生き物であり、過去の経験から判断するものです。論理的に飛躍していたとしても蓄積された経験から判断できることもあります。つまり、今までの自分の経験を否定する必要はありません。

「過去の延長線上の未来を生き抜くため」に、経験を蓄積するための行動を継続させなければならないのです。日々の仕事は、新たな経験を自分自身に与え、自己が成長するきっかけになると考えてほしいのです。

部下が、あなたには考えられないような失敗をして、あなたが上司として責任を負わなければならないことが起こったとしても、それは、一人では得られない経験を得ていると捉えてください。

部下の話を最後まで聞くことで、あなたの自己の成長にもつながるのです。

4　部下と話すとき、目線の違いが「圧」を掛けてしまう

あなたは上司からどんなときに「圧」を感じるでしょうか？「圧」を受けると、普段通りに振舞えなかったり、話を早く切り上げたくなったりします。

悪い報告をするときなどは、気まずくて上司からの圧を感じることが多いですよね。それはあなたの部下も同じです。ところが「私は部下に対して圧なんか掛けてないよ」「つねに聞く姿勢でいるよ」と、思われる方もいるはずです。しかし、部下は上司が思っている以上に上司から圧を感じています。

部下からの報告を聞くとき、どのような態度で聞いているでしょうか。前述で、相手と「アイコンタクトを交わす」ことをお伝えしましたが、「そんなことはコミュニケーションの基本なのであたりまえだ」「アイコンタクトとまではいかないけど、きちんと部下の方を見ているよ」といわれる方も多いです。

では、視線の高さはどうでしょうか。相手と高さは合わせていますか。

たとえば、部下から報告をさせる場合

A　自分は席に座っていて、部下を立たせている
B　部下を座らせて、自分は立っている

どちらが多いでしょうか。

多くの場合、Aのように、部下が上司の机の前に来て、座っているあなたに対して報告するのではないでしょうか。この場合、部下はあなたに見上げられる形になり、部下はあなたから無言のプレッシャーを受けています。

コミュニケーションには会話や文字など言語を用いたコミュニケーションと、表情や声の大きさや態度などの非言語のコミュニケーションであるノンバーバルコミュニケーションがあります。つまり、同じ言葉を用いても、そのときの表情や声の大きさ、態度によって、相手の受け止め方が異なるというわけです。

座っているあなたが、立っている部下を見るとき、上目遣いになり、部下はあなたの目の光を強く感じます。そうすると「私は信頼されていない」と感じてしまい、仮にあなたはいつも通りに振舞っていたとしても、部下は圧を感じているかもしれないのです。

では、Bの部下を座らせて自分は立っている場合はどうでしょうか。部下を見下ろすの

は、文字通り「見下す」と捉えられるため、こちらの場合も上司から圧を感じてしまいます。

実はAもBも部下と円滑なコミュニケーションを取り、信頼関係を築くためには良い方法ではありません。

視線の高さを合わせることが重要です。これは、教育の現場ではよく用いられる手法で、先生が子どもを安心させるために、膝を曲げて子どもの目の高さに合わせながら話をします。

部下に圧を感じさせる、非言語コミュニケーション

見上げる（上司が座り、部下が立つ）

上目遣いになり、
目の光を強く
感じる

見下ろす（上司が立ち、部下が座る）

見下（お）ろす
＝
見下（くだ）す

また、相手が感じる圧は視線の高低差だけでなく、言葉の高低差や態度の高低差にも表れます。

言葉の高低差というのは、言葉の選択です。難しい専門用語やビジネス用語は「高い」にあたります。普段自分が使わない言葉で説明されても意味がつかめないどころか「馬鹿にされている」と感じます。つまりは、「お高くとまっている」と感じるのです。

この、お高いというのは当然「態度」もあります。上司が何気なくする態度にも一般的な意味の、自尊心が高い、偉そう、自慢げ、に感じる態度があります。たとえば、腕を組んだり足を組む態度、自分は忙しいとアピールしたり、過去のエピソードをよかれと思って披露したり、ニヤニヤと笑ったり……。

多くの上司は威厳を保ちたいと考えている以上に、部下とコミュニケーションを取りたい、信頼関係をつくりたいと考えていると思います。ですが、些細な言葉や態度で部下は「圧」を感じてしまい、緊張感が高まってしまうのです。その結果、部下はいいたいこともいえず、本心を語らなくなります。ぜひとも圧を掛けない「高低差」を考えてみてください。

5 「そうだね、でも……」は聞いているふうを装った、聞いていない

ある管理職の方と面談をしたときに「いつも部下の味方であることを心掛けていて、積極的に話をしている。まずは必ず部下の話を『そうだね』と聞き、その上でアドバイスをしています」と話す方がいらっしゃいました。

コミュニケーションセミナーなどで講師から「YES BUT法」を使うとコミュニケーションが円滑になりますよと教えられたということでした。一方、この方の部下とも話をしましたが、「話を聞いてくれない」「一方的に話をする」とおっしゃっていて、管理職の方が認識している状況と大きくずれていました。

「YES BUT法」はいわゆる応酬話法の一つで、交渉する相手の言葉を「そうだね」と一度肯定した後に反対意見を述べるというテクニックです。クッション話法とも呼ばれるので、いったん相手の意見を受け止めている形式ですが、あくまでも最終的に反対意見を述べるための応酬話法なので、相手は自分と違う意見を述べられたと感じます。

ここで重要なことは、あなたが相手の言葉をきちんと受け止めているかどうかです。顧

客や取引先に対しては、「うーん、そうですね。たしかにおっしゃる通りですね」など、相手の言葉を受け止め、考える時間を取ってから「しかし、当社の……」と話をしていると思います。

では、部下の場合はどうでしょうか。部下の言葉にすぐさま反応し「そうだね、でも……」と口ぐせのようにいっていませんか。上司であるあなたの方が知識と経験が圧倒的に勝っていますので、部下の話を聞くとすぐに問題点を理解し、指摘してしまうと思います。

この口ぐせは、いわゆる「マウントを取る」人に多いので、いわれた部下は、自分の話にかぶせて否定してくる、という印象を受けてしまいます。

部下の認識を正すため、間違っていることを間違っていると指導することは上司として必要です。ここで問題なのは、自分と部下との認識が異なっており、自分自身は好印象を与えていると思っているが、真逆の効果が出てしまっているということです。

では、どのようにすれば良いのか……。それは、部下に「あなたの話をきちんと聞いていますよ」と伝えるのです。

重要なのは聞くことではなく、「聞いていることを伝える」ことなのです。5つの基本的な方法を使います。

①アイコンタクトを交わす

②部下の言葉に大きく頷いてリアクションを取る

③「なるほど」と言葉に出して共感を示す

④部下の言葉を復唱して興味を示す

⑤「たとえば?」や「具体的には?」と質問して話の展開を促す

これら基本的な5つの手法を用いると、部下は自分の話をきちんと聞いてくれていると感じるので、「でも」とあなたがいっても一方的に否定されたという印象は持たなくなります。

部下の話を「聞いている」と伝える“5つの基本”

基本① アイコンタクトを交わす

部下をきちんと「見る」

基本② 大きく頷く

「リアクションを取る」

基本③ 相槌を入れる

「共感を示す」

基本④ 言葉尻を復唱する

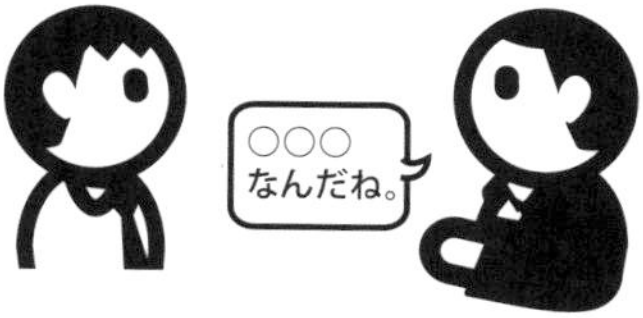

部下の言葉に「興味を持つ」

基本⑤ 質問をする

話を「促す」

さらに、部下に考えを促すのであれば、「もし」と仮定を与えてみることも効果的です。「もし」と仮定を与えると、部下が自分では気づかなかった改善点を自ら認識できるようになります。これは、仮定を与えて考えさせる必要があるので、上司の力量だけでなく部下の力量にも左右されます。ある程度経験があり自分で考えられる部下に対してコーチング的なアプローチで育成するときに使用します。

6 「どう思う?」という投げ掛けが、やる気を引き出すとは限りません

管理職セミナーで、「部下の育成にはコーチングを使いましょう」、「『どう思う?』と問い掛けましょう」、と講師から教えられたことがある方は多いと思います。ティーチングよりコーチングの方が部下のやる気を引き出させ、部下が成長すると教えられませんでしたか? 私も「これからはコーチングだ」と思い、実際にコーチングを学びました。

ティーチングは「教える」、コーチングは「考えさせる」ことですが、もう少し整理をしておきましょう。

「ティーチング」は、答えは対象者であるクライアントの外にあるというスタンスで、答えがクライアントの中にないからインプットさせるという考え方です。

一方、「コーチング」は、答えはクライアントの中にあるというスタンスで、クライアントの中から答えをアウトプットするという考え方です。

「どう思う?」という投げ掛けは、いわゆる「オープンエンドクエスチョン」という質問方法です。自分で考えて回答を促すために、いわゆる5W1HであるWhen（いつ）、Where（どこで）、Who（誰が）、What（何を）、Why（なぜ）、How（どうやって）、を使用して質問します。

これに対して、「はい・いいえ」や「AかB」などの選択肢が与えられている質問を「クローズエンドクエスチョン」といいます。コーチングを行う際はクライアントの中から情報をアウトプットさせるために、オープンエンドクエスチョンを利用することが多いです。

「魔法の言葉」のように崇められている傾向がありますが、決してそうではありません。といいますか、そんな便利な言葉は存在しません。

たとえば、「どう思う?」で部下のやる気が引き出せるでしょうか?　あなた自身も若い頃に上司から「どう思う?」と投げ掛けられて困った経験はありませんか?

また、部下とコミュニケーションが取れないときは「最近どお？」と投げ掛ければ良いと、そうすれば部下が話をしはじめますよ、とコーチングの先生にいわれたことはありませんか。

たしかに、部下は話すかもしれませんが、それは上司であるあなたからの問いに忖度して答えているにすぎません。本心では「どうって聞かれても何て答えて良いのか分からない」と思っているでしょう。そのため、上司のあなたが好む回答をするか、当たり障りのない話をして、表面的な言葉のやり取りで終わるでしょう。

ジェラルド・M・ワインバーグ氏の著書『コンサルタントの秘密―技術アドバイスの人間学』（共立出版株式会社　発売日　１９９０年12月25日　訳者　木村　泉）の中に「クリスマスプレゼントに金槌をもらった子どもは、何でも叩きたがる。」という金槌の法則というものがあります。良さそうな道具が与えられるとどんなときもその道具を使いたがるという内容です。

私も、コーチングの有効性を聞くとなんでもコーチングで解決したくなりました。オープンエンドクエスチョンが優れていると思うと、なんでもオープンエンドクエスチョンで聞きたくなるのです。

私はコーチングを否定しません。それどころか優れた手法と考えて、日々利用しています。ただ、ティーチングとコーチングは状況と部下の力量に左右されます。

部下に「どう思う?」と問い掛けるときは、二つのことに注意してください。

① 質問に条件を設定して答えを限定すること

② 目的を明確に示して意図どおりの答えを得ること

①の「条件設定をして答えを限定する」というのは、オープンエンドクエスチョンを雑に投げ掛けないということです。オープンエンドクエスチョンは、前提条件などをきちんとつけて状況を限定しないと回答者は回答しにくい傾向にあります。

たとえば、アンケートで「休日は何をしますか?」と質問があった場合、どのように答えますか? 「何を?」と聞かれても何と答えたら良いか分からないですよね。

この質問に条件をさらに追加して、「休日にまとまった時間が取れたら何をしますか?」となるとぐっと答えやすくなりませんか? さらに条件を追加して「この夏、休日にまとまった時間が取れたら何をしますか?」となるとどうでしょう、さらに答えやすくなります。

このように、オープンエンドクエスチョンを投げ掛けるときには条件設定することで答えが返ってきやすくなります。

②の「目的を明確にする」、については、質問の意図をきちんと説明し、どのような回答を得たいのかを伝えるということです。

先ほどの「休日に何をしますか?」と質問されたとき、「この場合は何を書いたら正解なんだろうか?」なんて考えたことはありませんか? なんとなく質問者の意図を考えて「忖度」した回答を考えたくなりますよね。

たとえば、この質問に「小学生のお子さんをお持ちの保護者の方にどのように休日を過ごされているかをお聞きしております」と質問の目的がきちんと述べられているとどうでしょうか? どのような答えを書いてほしいのかが分かりやすくなります。

この二つを注意して質問をすることにより、部下は答えやすくなるのと、こちらが意図した質問の回答が得られることができるので効果が出ます。

現場SOS②　どうして俺が部下の顔色をうかがわなければならないのか！

基礎編でお話したことをセミナーや研修で話すと、アンケート用紙に「どうして俺が部下の顔色をうかがわなければならないのか」「できない部下が改善して行動すべきだろう」というご意見を頂戴することがあります。質疑応答のときであれば説明できるのですが、アンケートではご意見に対して返信ができないので、ここでお話をさせてください。

管理職の仕事の要素は一般的に、組織方針の遂行、業務の円滑な遂行、人材育成、の3つです。当然、部下の育成が入っているのですが、この3つの要素はそれぞれが独立しているわけではありません。「組織が方針として定めたルールや目標を遂行し浸透させていくためには、業務の手順や仕組みを円滑化させ、そこに従事する人材を育成する」といえます。

また、「人材を育成することで業務を円滑に遂行し、組織の方針を達成する」ともいえます。そのため人材育成、すなわち部下の育成は業務の遂行にも、組織の方針を達成させるためにも不可欠です。

人は付加価値を生む重要なリソースです。では、その大切なリソースである人のパフォーマンスを最大限に出すためのメンテナンスをしていますか？　人は機械ではないということを十分認識した上で、あえてメンテナンスという言葉を利用しておりますが、いかがでしょうか。私たちは機械のパフォーマンスを最大限に発揮させるためには、日々メンテナンスをしますが、人のパフォーマンスを最大限に引き出すためのメンテナンスについては、いかがでしょうか。

・人は需要なリソースである
・人のパフォーマンスを最大限に発揮できるようにする必要がある
・人材を育成することで業務を円滑に遂行し、組織の方針を達成する

と考えると、部下が働きやすいよう環境を整えて、彼らのパフォーマンスを最大限に引

き出すことは管理職の重要な役割ではないでしょうか。人のメンテナンスとはメンタルヘルスやモチベーションの管理です。そのためには知識と経験のある上司が能動的に動かなければならないのです。

これは部下を甘やかすことではありません。私は適切に部下を叱り指導することは必要だと考えています。「ほめない上司はダメですが、叱れない上司はもっとダメです」「和気あいあいが良い職場ではない」とセミナーなどでも話をしています。上司と部下がお互いに信頼関係を結び、前向きに仕事を進めるために、上司が能動的に部下に働き掛けてほしいのです。

本当に部下が変わるのか?!【エピソード①】

離職率が激減！　後輩を育てる先輩になった部下たち

私が支援させていただいた会社の話です。

製造スタッフが約35人、販売スタッフが15人いるパン屋さんのことです。朝早くからお店を開けて、仕事終わりのお客様に来店してもらえるよう、遅くまで運営しています。その会社の販売部門で、退職者が多いというご相談を受けました。

「早番は朝早いし、遅番のときは遅くなる環境なので続かない。なんとかしなければならないが、打開策が見出せない」とのことでした。

そこで私は、販売部門を束ねるリーダーと面談し、社内の業務の状況と過去の退職者の状況について一人ひとり確認しました。

その結果、見えてきたことがありました。

・朝早いのは入社する前から知っているので覚悟している
・シフトによってはベテラン社員がいなくその場で対応できないことがある
・複数の業務担当があるが難易度が異なりすべてをこなせる社員が少ない

・担当業務のマニュアルがなく人によって教える内容がばらばら
・取扱商品の種類が多くなかなか覚えられない
・会社からは特に教育を受けていないのでほったらかしにされている印象がある

このことから朝早いことは退職するきっかけにはなるが、問題は別のところにあると考え、左記の4つを実施しました。

・1ON1をして、社員と対話する
・マニュアルからもれている手順を明確にする
・業務に難易度をつけて、どの順番で教えるかを決める
・トレーナーを付けて、社員と販売リーダーの三人で育成する

マニュアルについては、販売リーダーがやっていることをすべて書き出すと、1200項目以上になりました。「たしかにこれは口頭では無理ですね」と手順が明確化されていないことを感じていました。

マニュアルができた段階で担当業務別の難易度を設定し、それぞれの業務をやらせても良い「入学基準」と一人前と認められる「卒業基準」をつくりました。

その後、社員のスキルを分析し、トレーナーとトレーニーを設定し、育成状況のモニタリング項目と、振り返りの定期面談をセッティングし、継続していきました。

結果がすぐに表れたのは、社員間のコミュニケーションが増えたことです。シフト制なので、次のシフトのために申し送りをするのですが、この申し送りの内容が急激に増えました。特に、新商品が出たときはみんなで「使ってみる」など確認をして、その感想をいい合うということが増えました。

販売リーダーが「先日トレーナーと一緒に社員の面談をしていたときに、いまやることと次に求められることが分かるのでやる気が出ます、といっていました」と嬉しそうに報告してくれました。

毎年1／3にあたる5人が辞めていた職場であったのが、その後の3年間で、旦那さんの転勤に伴い退職した女性のみとなり、「人が辞めて困る」という課題が解決しました。

退職者が減り長く働くようになると、社員が複数の担当業務をこなすことができるようになり、仕事そのものの質が向上したことと、シフトを組むこと自体が楽になりました。

3章 実践編

部下を成長させる仕組みづくり

ステップ1　習慣化で部下に経験値を蓄積させる

さて、ここから部下を育成していくための方法について3ステップでお話をしますが、注意してほしいことがあります。それは、かならず基礎編の内容を実施してから実践編に進んでいただきたいということです。基礎編にある部下との対話方法を実施することで、部下とのコミュニケーションが円滑になっていると思います。その上で、実践編を実施すると、こちらの指示をきちんと伝えることができるようになります。

それは実践編でお話する内容が、部下を育成する「仕組み」づくりだからです。仕組みづくりというのは、手順をつくり、守らせる、いわば「形式」づくりです。部下と向き合うという内容を実施していくことで、ただ「形式」をつくるだけではなく、対話をもって、手順を守らせることができます。そうしてはじめて部下の育成につながり、期待した成果を導き出せるのです。

1　「え、そこから?!」と驚くほど基礎の基礎から教える

自分で考えて行動してくれる部下がほしい、と考えたことはありませんか？　そんな部

下がいればどんなに楽なことか、と私も何度も思いました。しかし現実は厳しく、とある管理職の方は「自分で考えて動くなんて夢のまた夢。俺の部下は指示しないとやらないどころか、俺が伝えたことを忘れてミスするんですよ、困ったものです」と嘆いていました。

多くの方は手のかかる部下を抱えていると感じていると思いますが、では手のかかる部下とはどういう部下を指すのでしょうか。

私は、部下の理解レベルを次のように定義しています。

レベル1　指示の意図を理解できない、上司や第三者の指示や補助があっても業務を遂行することができない
レベル2　指示待ち、指示や補助があれば業務を遂行することができる
レベル3　仕事を任せられる、指示や補助がなくても業務を遂行することができる
レベル4　仕事ができる、部下自身が第三者に業務を教えることができる

部下の理解レベル

手のかかる部下グループ
レベル1
===
===
??
指示の意図を理解できない部下
指示や補助があってもできない。
レベル2
指示待ち部下
指示や補助があればできる。
できる部下グループ
レベル3
任せられる部下
指示や補助がなくてもできる。
レベル4
仕事ができる部下
他人に教えられる

この中で、レベル1の指示の意図を理解できない部下、レベル2の指示待ち部下が手のかかる部下グループで、レベル3の仕事を任せられる部下、レベル4の仕事ができる部下は、手のかからない部下グループ、になります。

本来、仕事では、自分で考えて行動してもらわなければならないので、自分で行動できることが最低限必要だ！　と考えている方もいらっしゃいますが、このレベルを最低限であり普通といえる管理職の方は少ないと思います。

先ほどの図を見てもらうと、手のかかる部下グループであるレベル2から、できる部下グループのレベル3の間に大きな壁があり、この壁を乗り越えさせることができれば、部下は成長します。そうなれば、あなたはずいぶん楽になります。

では、まずレベル1について考えてみます。

A　伝えた話の内容が伝わっていない（そもそも話を聞いていない）

B　伝えた言葉は伝わっているが話の意味を理解できていない

C　理解できたが取るべき行動が分からない

D　取るべき行動は分かっているが行動することができない

に分かれます。

よく「お鍋を火に掛けているから沸騰するまで見ていてといったら……」というたとえ話があります。これは「見ていて」という言葉をそのままの意味に捉えて、そういわれた人がじっと見ているだけでお鍋を焦がしてしまうという話です。

これを先ほどのAからDに当てはめてみると、

A　伝えた話の内容が伝わっていない（そもそも話を聞いていない）

声を音として耳で捉えていたとしても、単なる音としてか捉えていなく、意味を持った言葉として捉えていなかったり、ほかのことに気を取られていて言葉として理解できない。

B　伝えた言葉は伝わっているが話の意味を理解できていない

意味を持った言葉としては受け取れているが、「見ている」が「火を止める」という意味であることが理解できていない。

C　理解できたが取るべき行動が分からない

「見ていて」＝「火を止める」と理解できていても、どのように火を止めるのか分からなくて行動できない。

D　取るべき行動は分かっているが行動することができない

「見ていて」＝「火を止める」と理解できていて火の止め方も分かっているが、どのタイミングで止めて良いか分からない。

部下の【レベル1】の状態分解

指示

お鍋を火に掛けているから、沸騰するまで見ていて の場合

状態 **A** 言葉が聞こえていない
伝わっていない

聞こえていない、音声は聞こえているが、意味を持った言葉として捉えていない。

状態 **B** 言葉は伝わっているが
理解できていない

「見ている」が「火を止める」という意味であることが理解できていない。

状態 **C** 理解できたが
行動が分からない

火を止めることは理解できていても、火の止め方が分からなくて行動できない。

状態 **D** 取るべき行動は分かっているが
行動できない

タイミングが分からない・一気に噴き上がり手を出すタイミングがつかめない。

という感じになります。本来、命令を確実に実行できるようにするのであれば、
・「見ていて」＝火を止める、であることを理解させる
・火の止め方を理解させる
・沸騰したときの状況を理解させる
・火を止めるタイミングを理解させる
ということを教える必要があります。料理経験のない子どもに話す場合はこういったことから教えていますよね。

このたとえ話のように、仕事でも同様に考えてくださいとセミナーや研修でお話をすると「え、そこから⁉」と驚かれることがあります。部下の理解の成熟度によって対応を変える必要があるということを知っておいてください。

前章で、「伝える努力」としてアイコンタクト、顔と体を向ける、使う言葉を吟味するなどと、「伝わる努力」として「相手がどう受け取ったか」を考えながら相手の感情的・感覚的なフィードバックを受け取るという双方向の行為とお話をしましたが、その内容を元に考えると、「A　伝えた話の内容が伝わっていない」は「伝える努力」で、「B　伝えた言葉は伝わっているが話の意味を理解できていない」は「伝える努力」に対応していま

すので、解決できるでしょう。

「C　理解できたが取るべき行動が分からない」は、作業を細かく指示することが必要になります。

たとえば、「エクセルの表にまとめておいて」と指示されても、すでにあるエクセルの表なのか新しくつくらなければならないのかが分からない。表のレイアウトや書式が分からない。レイアウトは分かっていても表のどこに記入するのかが分からない。表に入力するデータをどこから参照すれば良いか分からない。さらに、不明な箇所をどう処理すれば良いか分からないのです。

手取り足取り教えることは部下の成長を妨げるので細かい指示をすることは良くない、考えさせなければならない、と思われるかもしれませんが、ここで対象としている部下は手のかかる部下グループのレベル1伝えた内容が伝わっていない部下、なので、あなたなら全く疑問に思わないようなことから教えなければならないのです。

「D　取るべき行動は分かっているが行動することができない」は、期限（締め切り）を把握できていない、行動を取るべききっかけ（トリガー）が明確化できていないことが原因の場合が多いです。

たとえば、午前中に出荷する商品の配送手配をするために10時までに配送品の伝票を処理しないといけないとします。午前中に出荷なので、配送品の伝票がないと配送担当者はどこに何個の商品を届けなければならないのかが分からないため仕事が滞ってしまいます。伝票処理が間に合わないと「出荷準備をする現場が困る」なんてイメージできるだろうと思われるかもしれません。しかし、期限を把握していなかったり、行動を取るべききっかけが明確化していない場合は、この説明が必要なのです。

取るべき行動は理解しているが行動することができない原因をさぐると「現場が困る」ことについて、自分ごととして実感できてないこともあげられます。自分が時間を守って業務を進めないと、その後の工程にどのような影響が出るかがイメージできないのは、近い未来を現実のこととして想像する力が弱いためです。

たとえば、一週間後の日曜日に旅行に行くとして、カレンダーやスケジュール帳に予定を書き込んだとします。もちろん、あなたは旅行に行くことを楽しみにしています。ではカレンダーやスケジュール帳に書き込まれた予定を見て、旅行に行くことをリアルに感じられるでしょうか。リアルにイメージすることができる人は未来を現実のこととして想像する力が強い人です。逆にリアルにイメージできにくい人は未来を現実のこととして想像する力が弱い人です。

つまり未来を現実的に想像できない人の多くは、未来の出来事をリアルにイメージできず現実感がないので先の予定を忘れてしまったり、忘れてしまっているので直前まで準備をしていなかったりする傾向があります。

このように、期限を把握できていない人に対しては、「困る」ということを実感させるため、「出荷準備をする現場が困る」状況を説明したり、ときには困った当事者から苦情を本人に直接聞かせたり、自分の仕事の後工程である、商品を出荷準備をする現場を経験させたりすることも有効です。

2 「考えさせる」ためには、まず「考えさせない」ことからはじめる

「考えさせない」という言葉にどこかネガティブな印象を受けるかもしれません。どこかで「細かい指示をすることは良くない、考えさせなければならない」と私たちは考えている傾向があります。

これは「人はいつか独り立ちし、自分で問題を解決していかなければならない、だから自分で考えられるような人になることが重要だ」という人にとっての根本的なテーマがあるからだと思います。

さらに最近では、1970年代以降から続いていた暗記によって知識量を増やすことに重きを置く「つめ込み教育」が良くないという考え方から、2002年から実施された新しい学習指導要領による「考えさせ個性を伸ばす教育」が広がっていることが背景にあるのかもしれません。私も個人の個性を伸ばすことは素晴らしいと思いますし、過度なつめ込み教育は無意味であるとも思います。

しかも、細かく教えることはめんどうくさいです。そんな時間もないので「できればやりたくない」というのも管理職の本音でしょう。なので、考えさせることがいいことだといわれていることを盾に取り、教えることを避ける人もいます。

しかし上司は、部下が自分で考えられるようになるまで育てていかなければなりません。考えられるようになるためには、まず「考えさせない」ことが重要になります。

考えさせるな！　というと、18世紀に書かれたアダム・スミスの『国富論』の中にあるようなピンを分業制でつくる、単純で非人間的な流れ作業をさせるという姿をイメージするかもしれませんが、そうではありません。

先ほどあげたピンを分業でつくるといった仕事は、現在ではほとんど存在しないので、昔に比べて複雑です。そのため、考えてしまうことが多く、迷ってしまいます。

「考えさせない」というのは、単に、人間性を失うような単純作業をさせるという意味ではなく、悩ませず、判断させず、「ストレスなく仕事をさせることができる」ようにするということです。

考えさせないためには上司は次の準備をする必要があります。

①仕事の方針を明確にする
②手順を時系列や処理順に決める
③部下が判断に迷うケースを洗い出す
④迷った際の手順を決めておく

①目標や完成形のイメージ、複数の目標がある場合は目標の優先順位を決め、仕事の方針をつくり、部下に説明して理解させておきます。

これにより、仕事のそもそもの目的や、この仕事によって得られる付加価値や、仕事によって実現される状態を理解させることができ、ほかの仕事との優先順位を決めることによって、お互いに仕事の基本ルールを理解することができます。

このルールは上司である自分自身も縛られることになるので、部下側からすると「上司の指示がころころ変わる」ということも防げます。理不尽な変更によってモチベーションを下げることなく仕事をすることができるようになります。

②作業をする部下の業務の時系列や処理手順を明確化します。

これは、仕事を「作業」に分解し、具体的に「何をどうするのか」「どの順番で作業を行うのか」をはっきりさせ、どのように「作業がつながっているか」を示します。

たとえば、「配送伝票を一覧表に入力して、関係者に連絡」とあなたが指示を紙に書いて渡していても作業の指示になりません。この場合、どこに保存されている何ていう名前の一覧表なのか、表の中のどの行や列または、セルに入力するか、記載内容は何かを明確にします。また、関係者とは誰か、どういう手段で連絡するのか、いつどのタイミングで連絡するのか、入力し終えた後の配送伝票はどのように保管するかということを決めます。

③部下が判断に迷うケースを洗い出します。

これを洗い出しておくことで、悩ましい状況を先に想定することができ「想定していなかったもの」を「想定されたもの」にすることができます。

私は学生の頃コンビニエンスストアでアルバイトをしていたことがあります。コンビニエンスストアのアルバイトの仕事では、掃除やレジ打ちとともに棚出し・陳列作業がありました。

私が頭を悩ませていたのは棚出し・陳列作業を行うときに、これは新商品、これは単にパッケージが変更されただけで値段も同じもの、これはパッケージ変更とともに内容量が変わって値段が変わったもの、が入り混じっている中で、正しい置き場所に置かなければならないことでした。

コンビニエンスストアは商品の回転が速く、はじめて見る商品がどんどん送られてくる中、旧商品の値段や容量など記憶していませんので、判断に迷ったものはバックヤードのコンピューターで一つずつＪＡＮコード（商品についているバーコード）を打って確認していました。

こういった迷うケースを洗い出しておく必要がありますが、仕事によっては、緊急時の対応方法や、完了しなかった場合の引継ぎ方法など、イレギュラーで発生しそうなケースを洗い出しておきます。

④ ③で出した迷うケースごとに迷った際の手順を決めます。このときに気をつけるのは、どのように対処するかの内容が、①で定めた方針に沿っているかどうかです。

この①から④までの準備をしておくと、「悩ませず、判断させず、ストレスなく仕事をさせる」ことができます。

こうした話をセミナーや研修ですると「マニュアルならすでにあります」といわれることがもっとも多い反応です。しかし、実際は覚え書きがメモされているだけで、行間を読まなければならないものが多いです。

ひどい場合は先ほどご紹介したような、① 配送伝票を一覧表に入力、② 関係者に連絡、と箇条書きに書かれているだけのものもあります。

さらに、改変もされていない場合も多いです。これでは、部下は考えながら読みとかなければならないため、迷い、考えてしまうのです。

次に多いのは「① 仕事の方針を明確にする」は必要ですか？　という反応ですが、部下の育成を考えると不可欠です。

これは、次のステップで部下が自分で考えるための情報をインプットさせるには非常に重要なのです。また、方針などを社員全員が共有することで、言語でのコミュニケーションを補い、上司と部下の間で仕事についての相互理解が深まります。

先にお話ししたように、手のかかる部下は、あなたであれば何の疑問も迷いもなくする仕事でも、「少し考えれば分かるだろう」と思う仕事でも、イレギュラーなケースに対応できません。またほかの仕事との優先順位も分かりません。考えてしまい、迷い、動きが止まるのです。また、部下が迷ったあげく、意図していない結果が発生することもあります。つまり、部下に迷わせてはいけないのです。

これらの準備は単に部下が迷わないようにするだけではありません。後に部下が自分で考えられるようにするための非常に重要な「仕掛け」になります。

3 「仕事をする理由」が部下にとってメリットになると伝える

仕事の指示について考えてみます。昔、上司が出掛けに急に「あの仕事やっておいて」とだけ私に指示して行ってしまったことがありました。私は、あれって何？　やっておくって、どうやればいいの？　いつまでに？　などと悩みました。そのときは先輩が「あれって○○のことだろう。たぶん明後日の午後に会議があるから、今日中に資料のたたき台をつくって提出すればいいんじゃないか」とアドバイスをしてくれて事なきを得ました。

部下に仕事の指示を出す際は、次のことを明確に伝える必要があります。

・何の仕事を
・いつまでに
・どのレベル（程度）まで
・何のために

もっとも重要なことは、部下に仕事をする理由を伝えることです。

あなたは部下に作業を指示するときに「仕事をする理由」を伝えていますか。多くの方は、仕事の目的を部下に説明していると思っているかもしれませんが、その「目的」というのは、会社や部署、チームの目的、場合によっては「目標」ではないでしょうか。

会社にとって目標を達成する必要性を説いても、部下の心には響きません。特に、手のかかる部下の多くは、自分と会社の目標が一致しておらず、自分の仕事に意味を見出せていないのです。もちろん、これは手のかかる部下だけではなく、手のかからない部下に対しても同様です。

このような話をセミナーや研修でするると「仕事は仕事なのでそれ以上でもそれ以下でもない」「意図なんてない」「単なる仕事の割り振りだから」と仕事をすることで部下が得られるメリットなんてないという方が多いです。

私がシステム会社の営業部に新入社員として入社したとき、最初に指示された仕事の一つで与信管理台帳の修正という仕事がありました。

与信管理台帳とは、それぞれの取引先の信頼性とともに、昨年一年間の取引金額を集計し月額の平均売掛金残高を記載しているもので、売掛金が回収できなくなるリスクがどれぐらいあるかと、もし売掛金が回収できなかった場合、どれぐらいの金額が回収できなくなるかを管理しているものです。

そういった情報を管理していた紙の台帳があり、年度が更新されると、企業の信用情報をリサーチする帝国データバンクから提供された資料を確認しながら、社内台帳に記載されている内容を修正していく作業で、新入社員が行う業務でした。

業務自体は10日程度で終了したのですが、作業を進めるうちに、私自身の変化に気づきました。それは、電話がかかって来たときに、相手が名乗る取引先の社名が聞き取れるようになっていたことと、誰がその取引先の担当者なのかパッと分かり、スムーズに電話対応ができるようになっていたのです。

これを上司に報告すると、「は？　あたりまえじゃないか、そのためにやらせているんだよ」とつまらなそうに答えました。私は、「それならそうと事前にいってくれれば、誰がどこの担当なのか、もっと注意して作業していたのに！」と、思うと同時に、上司のえらそうな態度にがっかりしました。

2代目社長が率いる地方の中小企業に在籍していたことがあります。その会社では「いったもん負け」という社員の中で暗黙のルールがあり、新しいことを提案してはいけない、提案すると自分がやらされて責任を取らされる、ということを表していました。そのため、おのずと誰も何もいわないという雰囲気がまん延していました。

この会社は、評価制度の不備や評価があいまいで、仮に高い目標を達成したとしても自分の仕事の成果を正当に評価されていると感じていない社員が多くいました。

また、経営者は会社の目標を決めますが、管理職の人たちはその目標を「必達」と部下に下達するだけ。これでは、その目標を達成したとしてもメリットを感じられないので、自分の仕事と会社の未来が結びつかないでしょう。

一方、私はベンチャー企業に勤めていた経験もあります。会社の雰囲気は先にお話した会社と全く異なっていました。社員の多くは自分の仕事が会社の発展につながり、会社の発展が自己実現につながると感じながら働いている雰囲気がありました。自分たちのサービスの品質を高めることこそが、サービスの有効性を証明するエビデンスになると試行錯誤をくりかえしました。

問題が発生しても人を責めず、原因をさぐり改善する。まだ日本にない新しい営業手法を、伝え広げるという理念に燃えていた現場での仕事はとても素晴らしい経験でした。

そのベンチャー企業は成長が著しく、毎年新たに取り組む内容は難易度が高いものでした。先ほどの会社と全く異なるのは、上司の言葉です。私に「〇〇ができるとわくわくしないか？　世の中が変わるかもしれないいんだよ。その中で、××ができると君は次のステージに進めるかもしれないよ」というのです。

自分がしたい仕事ができるようになることや、そのメリットを話し、自己の成長と会社の成長が一致しているというメッセージをしっかりと私に伝えてくれました

もしあなたがいわれるとどうでしょうか？　自分の仕事が世の中を変えるかもしれない、やりとげると成長できるかもしれない、と感じると、仕事に向かう姿勢が変わってきます。

そして、誰か一人が一歩足を踏み出すことにより、ほかの社員が一歩前へ足を踏み出せる雰囲気をつくり、それが社内の空気を変えていくのです。こうした流れは、いわゆるベンチャー企業の雰囲気なのかもしれません。

部下に仕事の意義を見出させることは非常に重要です。できる部下は自分で仕事の意義を見出せている場合が多いですが、手のかかる部下は仕事の意義を自分で見つけることができない傾向にあります。そこから教えなければならないのか？　と思うかもしれませんが、手のかかる部下が戦力となり、あなたの仕事をサポートしてくれるようになるために「そこから」教えなければならないのです。

特に、単調な作業やストレスが掛かる職場では、仕事をする意義を見出せない場合があります。手のかかる部下を成長させていく上で、同じ作業を何度もやらせることになりますが、もし、本人が意義を見出さなければ、ストレスの多い単純作業をさせることになってしまいます。作業自体はできるようになると思いますが、指示されればやるという単なる指示待ちになってしまいます。

本書を読んでいるあなたが望むゴールは、自分で考えて自分で行動する「できる部下」

です。そして、次の世代を育てて組織を発展させてくれる部下の育成です。

そこまでをゴールとして見据えるのであれば、部下がメリットだと感じられるように作業の「意図」を伝え、仕事の意義を見出させてください。

4　ただひたすら同じ作業で仕事に慣れさせる

仕事に慣れさせるというのは、たとえるなら、素振りをしたり、シュート練習をしたり、型稽古をしたり、同じものを何回もデッサンしたり、ロングトーンやスケールやタンギングを繰り返したりするのと同じです。あなたも何かの反復練習をした経験があるのではないでしょうか。


何度も繰り返すことで、その行動に慣れさせて情報を収集・蓄積させやすくするのです。

では、どうして考えさせずに慣れさせることが重要かというと、「考える」という行為を行うと、考えることに気が取られ情報を収集・蓄積できなくなるからです。

誤解を恐れずに説明すると、思考により答えを導き出すという行為は、問を立てた（問題と認識した）事柄に対して、人がそれまでに経験し獲得した情報をほかの情報と組み合わせながら順序立て、立てた問いに対する回答をアウトプットする行為です。

つまりまず「情報のインプット」が必要なのです。私はよく情報がインプットされていない状態を引き出しにたとえて、「空の引き出しからは何も取り出せない」といったりします。

そのためには経験させて情報を収集・蓄積させなければならないのですが、一回で獲得できる情報が人によって異なります。

たとえば、二人の人が一緒に駅から目的地まで移動したとします。一人は「あ、ここは子どもづれのお母さんが多く、ベビーカーを押している人もいるな。サラリーマンは少ないな」と歩いている人に注目しています。もう一方の人は「ここは一人で立ち寄れる雰囲気の飲食店が多いな、立ち飲み屋さんもあるな」と通りのお店に注目していたりします。

この二人が目的地までの道中について会話をしたらどうでしょうか？「ベビーカーの人いたっけ？」「立ち飲み屋なんてあった？」となるでしょう。

あなた自身もそういう経験はありませんか？　同時に同じ道を歩いていたとしても得ている情報は異なります。何かに意識が向くと、ほかのものに意識が回らなくなることがあるのです。

近年の脳科学の研究でも、短期的記憶やそれを用いてほかの認知機能を実行したり、記憶内容に操作を加えたりするための機能であるワーキングメモリーについて「長期記憶の容量には実質的に上限が無いと考えられるのに対して、一度に憶えられるワーキングメモリーの容量には上限があり、若い人で7つ前後、頭の中で繰り返すリハーサル等を統制してより厳密に数えると、4つ前後とされている。」（日本神経科学学会の脳科学辞典編集委員会が編集している「脳科学辞典」（https://bsd.neuroinf.jp/wiki）より）ということが分かっています。

また、「我々の日常において、ワーキングメモリーが使われる場面は非常に多い。会話、暗算、昨日の夕飯の内容を思い出して今日の夕飯を考える時、あるいはこの文章を読んでいる時も、ワーキングメモリーが使われている」とあります。つまり何かにワーキングメモリーを使うと、ほかの事柄にワーキングメモリーが回らなくなるのです。

これは仕事においても同様です。

同じ仕事をしても、そこから得ている情報は人によって異なります。たとえば、ベテランの職人は作業中の周囲の音、におい、手に持つ道具や作成中の製品から手に伝わってくる振動などの情報をキャッチしています。同じ作業をやらせても経験の浅い人では、ベテラン職人がキャッチしているほどの情報をキャッチすることはまだできません。

空の引き出しは空

様々な経験をさせて、
空の引き出しの中に
情報をインプットしていく

また、ベテラン職人と経験の浅い職人が収集する情報の差は、種類だけでなく情報の「質」つまり情報の細かさ、画像などでいえば解像度が違うということです。解像度が違うので作業の精度が異なり、結果、製造される物の品質が異なってくるのです。

つまり、何度も反復させるのは、その動作から情報をキャッチさせることで仕事を覚えさせるためなのです。

5　反復行動から学びがあると体感させる

同じことの反復で、慣れさせ、情報をキャッチできるようになると、次にその情報を蓄積し、ほかの情報と組み合わせ、問題解決に使える道具として認識させることが必要になります。

手のかかる部下は、仕事をその時々で対応する傾向があります。たとえばある商品の内容量と価格が変わり、新しくなったとします。本来であれば、内容と価格が変わるので新商品としての登録が必要です。

しかし、旧商品の登録内容の内容量と価格を変更して、売上処理をするのです。目の前の問題が解決できればいいという対応をする傾向があります。

こういった場当たり的な対応をする傾向にある場合は、「今」にフォーカスしているので、経験を「未来」に引き継ぐという考えが薄い印象があります。そのため、過去の経験がどのような意味を持ち、どのように「今」の仕事に使えるかをイメージすることが苦手なのです。

キャッチした情報を使える道具として蓄積させるには、経験を意味のある情報として認識させる必要があります。

しかし、私たちは日々の刺激すべてを記憶しているわけではありません。特に反復して受ける刺激は慣れてしまい鈍感になる傾向があるので、反復して受ける刺激は記憶されにくくなります。そのため、意識的に情報を蓄積させる工夫が必要です。

スポーツや習い事の経験はありますか？　たとえば素振りをしたり、シュート練習をしたり、型稽古をしたり、同じものを何回もデッサンしたり、ロングトーンやスケールやタンギングを繰り返したり、どのような過程で、技術を習得していきましたか？　先生やコーチなどの第三者から指摘を受けていませんでしたか？　もちろん、鏡や録画した映像を見ながら自分で「振り返り」を行っていた場合もあると思います。

当初は振り返りをしても違いが分からず、意識できなかったことが、経験値がたまっていくと、意味が理解できるようになり、違いが分かるようになります。やがて、うまくいくためにはどうすればいいか、見えてくるのです。

手のかかる部下は、振り返り自体をやっておらず、「振り返りをしても違いが分からない」状態なのです。つまり、自分の行動がうまくいっているかどうか、分かっていない可能性が高いです。

そうした部下に対しては、一つひとつの行動がうまくいっているかどうか認識させることからはじめます。どんなときにうまくいったかインプットされると、記憶として定着し「使える道具」になります。

では、具体的にはどうするか。以下の3つのステップで行います。

1　部下が行った仕事の内容を評価する

2　仕事についての部下自身の印象を確認させる

3　良い評価のうち、部下本人が自分の印象を語れる場合は「これまでと何を変えたか？何が違うのか？」と問う（印象を語れない場合は無理に語らせない）

1　部下が行った仕事の内容を評価する

手のかかる部下は、自分が行った業務がうまくいっているかどうか分からないので、上司が評価をします。それにより、現在の状況がうまくいっている状態であると認識できるのです。

このように話をすると「結果承認はいけない、存在承認をして相手を認めてあげてください」とセミナー講師などからいわれたので、これはやってはいけない行為ではないかと思う方もいらっしゃいます。

承認をする行動には、次の5つがあります。

「結果承認」　行動後の目に見える結果に対して承認

「プロセス承認」　望んだ結果が出なくても、きちんとしたプロセスを踏んで行動をやりきったことを承認

「行動承認」　望んだ結果が出なくても、やりきっていなくても、たとえ結果にむすびついていなかったとしても「行動した」ことを承認

「意識承認」　結果や行動が伴っていなくても「考えた・意識した」ことを承認

「存在承認」　結果が出たか、プロセスを踏んだか、行動したか、意識したか、は関係なく、「いてくれてありがとう」とそこにいること自体を承認

①結果承認、②プロセス承認、③行動承認、④意識承認は、何かを行ったことに対しての承認行為なので、外発的な動機づけになります。相手は、外部から承認が得られなくなると、とたんに行動しなくなる可能性があり、継続的な行動につながらなくなります。

そのため「存在承認」を行い、内発的な動機づけを起こさせる必要があるという話です。

仕事の結果を評価する行為はしてはいけない、といわれるのです。

しかしながら、何もないところから本人が動機づけを内発的に起こすのは難しく無理があります。

なぜならば内発的な動機づけの方法が明確でなく、どのようなきっかけで動機づけられるかは本人も分からないからです。最初は外からの刺激により動機づけられ、それを経て内発的な動機づけに至ると一般的にいわれています。

手のかかる部下は、自分が行った結果が判断できないので、うまくいっているかどうか評価し、承認してあげてください。

特に「結果」が出ないことも多いので、結果にこだわらず、「意識」「行動」「プロセス」を承認し、次のステップへ促していきます。

2　仕事についての部下自身の印象を確認させる

手のかかる部下は、結果に自信を持てていないことが多いです。自分の行った仕事内容の良し悪しが分からず、手ごたえを感じられないためです。

そこで、上司が「良い」と判断した内容を、部下自身が理解することで、自分の行動や仕事の結果が「良い」ことなのだと認識させます。これをくり返すことで良いケースと悪いケースを、自分自身の感覚とともに認識できるようになるでしょう。

3　良い評価のうち、部下本人が自分の印象を語れる場合は「これまでと何を変えたか？何が違うのか？」と問う

もし部下本人が自分の印象を語れない場合は、決して無理に語らせないでください。部下は忖度して上司が望む言葉をいいがちだからです。

部下の忖度した言葉を聞いて間違った印象を持ってしまうと、ミスリードを起こすおそれがありますので注意が必要です。

また、「今回もうまくいきませんでした、すみません」といわせてばかりにならないように注意が必要です。悪いケースが続くと、部下は叱責されると身構えてしまい、本来求めているコミュニケーションが取れなくなる可能性があります。

この問いは、自身で印象を語れた場合に限ります。もし語れない場合は、深掘りしても何も出てこないでしょう。無理やりいわされるのでは、思ってもいない「こういえば上司が納得する」という答えを返してしまいますので注意をしてください。

この順番で確認を行い、自分自身の行動を認識させることができれば、反復して経験し

た情報が、単なる状況の情報ではなく意味のある道具となります。

さて、ここまでがステップ1ですが、手のかかる部下にきちんと行動をさせるためには**手順が必要**になります。

特に、その場で考えさせることや、状況に応じて変容させるという行動は難しいです。もっとも基本的な手順として、まずは同じ仕事を反復させます。ポイントは、必ず部下のメリットを伝え、仕事と自分を一致させること。一定の情報量を蓄積するまでやらせること、その情報を使える道具にするために認識を確認することです。

もどかしく感じるかもしれませんが、ここで、考えられる部下への土台づくりを行いますのでじっくりあせらず実施してください。

「手のかかる部下」を「できる部下」に変える！ STEP1 まとめ

☑ 同じ仕事を反復させる

☑ 部下自身のメリットを伝える

部下にとってのメリットを伝え、
仕事と自分を一致させる。

☑ 一定の情報量が蓄積するまでやらせる

空っぽだった引き出しの中身を
経験でいっぱいにする。

☑ 情報活用のための認識を確認する

蓄積した情報を「使える道具」に
変えるための認識確認をする。

現場SOS③　ストレス全開！　怒る？　それとも叱る？

手のかかる部下を抱えているあなたは、日々のストレスが多いことでしょう。上司からの叱責、目標や期限に対するプレッシャー。様々なストレスの中で、一番は部下の行為に対して問題点を指摘し、改善を要求しなければならないことではないでしょうか。これには大変パワーを使いますし、自分自身も不快な気分になりますが、そのとき、あなたは、怒っていますか、それとも叱っていますか？

「怒る」と「叱る」の違いは、感情の向かっている方向です。

怒る場合は、自分が望む状況や大切な信条をないがしろにされ、不快な感情を発散させ、自分の不快感を解消します。つまり、自分に対して行う行為です。

叱る場合は、自分が望んでいない状況をつくり出した他人に対して問題点を指摘します。現状の回復や再発防止に向け、発すること。つまりは、相手に対して行う行為です。

快・不快という感情ではなく、問題点の指摘、現状回復や再発防止という一連の改善を求める行動になります。つまり、怒るは自分のため、叱るは部下のためなのです。

あなたは、怒っていますか？　叱っていますか？　もちろん、怒ってしまうときもありますよね、だって、腹が立ちますから。

怒りがこみあげてきた場合はどうするか。私は怒りがこみあげている状況で口をひらくと、制御できませんので「黙る」ことにしていました。私の場合は、水を飲んだり、口の中にタブレット菓子やアメを入れたりしていました。仕事環境によってはまねできない方もいるかもしれませんが、口がひらけない状況をつくり対処していたのです。

怒るのではなく、叱れるようになるには時間がかかります。ひとまずは、怒ってしまった後にどうすれば良いかを考えるのも一つの手です。私の場合は「すまん、いい過ぎた」と謝っていました。その後、怒っていても状況が何も改善されないので、現状を回復させる行動と再発防止策を一緒に考えようと提案していました。

不快に思い、怒ってしまうのは自分が求めている結果が出なかったからこそであるということは、あなたは、部下に期待を掛けているのだと思います。なので、部下のことを考えて叱る行為である、現状を回復させる行動と再発防止策を一緒に考えようと提案をしてほしいです。

ステップ2　思考プロセスをなぞらせ、指示通り行動させる

ステップ1を実践すると、指示された仕事の経験値を積むことができるので、手のかかる部下でも間違えずに仕事ができるようになっているはずです。しかも、仕事の目的が自分の目的と一致したことで「自分ごと」という認識になっているでしょう。

ステップ1の「考えさせない」という手段の次に、ここからは「部下に考え方を教える」というステップになります。

1　最終的なアウトプットだけでは、結果にはたどり着かない

部下に仕事を指示する際、以前お話したような「あの仕事やっておいて」という雑な感じではなくとも、資料を渡して「この資料つくって」という投げ掛けをしていないでしょうか。

あるいは、あなた自身がこのように仕事の指示を受けたことはありませんか？　そのときを振り返ってみてください。どんな点が困りましたか？

やり方が分からない、作成に必要なデータが何か分からない、どうやって準備すれば良いか分からない、と思いませんでしたか。

これと同じものをつくれという指示は一見簡単そうに聞こえますが、最終的なアウトプットを見せられても、「結果」から「過程」を想像し「根本」をさぐるのは困難です。同じものをつくることはできないでしょう。

そのために、最終的なアウトプットだけでなく、元のデータ、途中で使用した中間生成物、作業用のワークファイル、場合によっては使用しなかった残骸を見せることをします。

前職時代にプロジェクトマネージャーをしていたときのことです。管理するプロジェクトが変更になり、前任者から引き継ぎを受けました。管理自体は、ほかと変わらないのでさほど苦労はしなかったのですが、そのプロジェクトでは、週次でクライアントへ報告をしなければならない契約がありました。

週次なので、引き継いだその週の分からの報告が必要になります。上司にレビューを受けてから提出になるので、実質的には3日でつくることになります。

前任者からは、クライアントへ提出したＰＤＦの資料そのものが保管されているフォルダを示され、「ここにあるからこれと同じものをつくって提出したらいいから」といわれました。

プロジェクトメンバーの報告コメント、数値データを集計したエクセルを貼り付けたと思われる表、それらを分析した評価が記載されていました。

ところがＰＤＦなので、そのデータがどこから引用されたのか、そこに埋め込まれている計算式が分かりません。また、その表を作成するための元のデータの参照元も不明で、数字を拾ってくる必要があるのかも分かりません。

前任者に「これだけでは分からないんですけど」とたずねると、舌打ちして、そんなことも分からないの？　という反応で、めんどうくさそうにデータの参照元は教えてくれましたが、ＰＤＦ化する前の元のパワーポイントのファイルやエクセルの表はもらえませんでした。

結局、私はＰＤＦを見ながら報告書の書式を作成し、古株のプロジェクトメンバーにどこからメンバーのコメントを収集しているのかを確認し、計算式を入れたエクセルで表をつくりました。

また、分析についてはクライアントとの契約開始時の契約にさかのぼり、基準等を確認し分析コメントを作成しました。なんとかクライアントへ提出する資料を作成しましたが、無駄な時間が掛かったなという感じです。
ＰＤＦを見て、以前提出していた報告書に似せて資料を作成したり、参照元のデータをＳＦＡから抽出するためのクエリを作成したり、抽出したデータを自動的に計算するエクセルを作成する必要があるのだろうかと思ったのです。

前任者は悪気がなく単に伝えるのが下手なだけだったかもしれませんし、私が気に入らず、意地悪をして敢えて教えなかったのかもしれません。逆に、様々な資料にあたり、どのように報告書を作成するかを考えさせる「教育」のためだったのかもしれませんが、とても不親切だなと思いました。

しばらく私はそのプロジェクトマネージャーをしていましたが、数年たつと今度は私が後任に引き継ぐ場面が出てきました。後任は、はじめてプロジェクトマネージャーになった若手でした。週次報告業務を引き継ぐにあたり、私が準備したものは、

・クライアントへ提出したＰＤＦの報告書
・ＰＤＦの元になるパワーポイントの資料
・作業用のエクセルファイル
・データ抽出用のＳＦＡのクエリ

・データ抽出後の生データ

です。これらを準備したので、引継ぎ自体はスムーズに行うことができました。

こうしたケースは、意外と身の回りにあふれています。たとえば、役所への提出書類をイメージしてください。最近ではWeb上から様式をダウンロードできるようになっていて、申請書式とともに記載例がついている場合があります。これはこれで、ひと昔前に比べると親切ですが、それだけで作成するのは案外難しいものです。

内容が簡単であればともかく、数年に一度、場合によっては人生で一度作成するかどうか分からない申請書など、「記載例のように書けばいいいんだよ」といわれても全く分からないものです。

2　制作過程を見せることで、思考プロセスをコピーさせる

さて、前節では、結果であるアウトプットを見せるだけでは作業ができないというお話をしました。アウトプットにまつわる資料をそろえた後は、思考プロセスをコピーするという作業をします。私はこれを「思考をなぞらせる」という表現をしています。

この「思考をなぞらせる」をしなければ、ステップ1までの「同じ作業をくり返させ

る」と同じになります。「思考をなぞらせる」には2段階あるので順を追って説明します。ここからは考えながらやってもらいます。どういうことか、先にあげた例で説明しましょう。

①報告書の構造の説明

過去、クライアントへ提出したＰＤＦの報告書をもとに、報告資料の内容を説明します。ここでは、報告書には定量的な報告と定性的な報告があること、定量的な報告はこのページとここのページ、定性的なページはこのページとこのページ……と報告書の構造を説明します

②報告資料がどのように表現されているかの説明

ＰＤＦの元になるパワーポイントの資料を用いて、この部分は画像の貼り付け、ここの部分はテキスト入力、ここはエクセルの貼り付けと説明し、元々のデータについて説明します。

③定量データの抽出作業の説明

定量データ抽出用のＳＦＡのクエリから抽出条件を説明し、実際に定量データ抽出用クエリを操作して、データ抽出に必要な作業を見せます。その上で、作業用のエクセルファイルを開き、抽出データをコピーし、エクセルの表が計算式により変化するのを見せながら作業手順を説明します。

④定性データ収集作業の説明

記載すべき定性データ、抽出用のＳＦＡのクエリから抽出条件を説明し、実際に定性データ抽出用のＳＦＡを操作して、定性データの抽出手順を見せながら説明します。

⑤分析結果判定の説明

定量結果と定性結果をもとに、判定を行うために必要な基準を伝え、過去のデータと判定結果を照らし合わせて説明します。

⑥作業スケジュールの説明

先にあげた作業を行い、○曜日までにレビューを受けて、○曜日の○○時までにクライアントへ提出するといったスケジュールを伝えます。祝日等発生した週の場合の前倒しや後ろ倒しのスライド方法も説明します。

ここで教えるのは単なる作業手順だけではなく、様々な「条件」を説明して覚えさせていくことです。条件に合致するものを集めた集合体が報告すべきデータであり、分析するデータでもあると理解させるのです。これが求められるアウトプットであり「仕事」です。

ここで「なぞらせる」のは「通常の範囲」です。実は、通常の範囲を教えることこそが「仕事を教える」ことです。

はじめは、それぞれの条件が守れず、通常の範囲を逸脱することがあると思いますが、何度も反復させ「思考をなぞらせる」と、一人でできるようになります。

一人でできるようになると、「通常の範囲」を覚え、範囲外の状況が入り込んだときに、エラーの発生だと瞬時に気づくことができるようになります。

次に「なぞらせる」のは「条件の変更」です。たとえば、毎週の作業が二週間おきになった場合や、月一回にまとめたものを提出する場合です。

思考をなぞらせる 2つのパターン

①何度も反復して思考をなぞらせる

正常の範囲が明確になる → エラーに気づける

②バリエーションの思考をなぞらせる

臨機応変な対応ができるようになる

毎週が二週間おきになった場合であれば、場合によっては「条件」を変更するだけで作業ができるかもしれませんが、週次報告にプラスして月次報告が必要な場合は、目的が異なってくる可能性があるので、報告書に新たな要素を付加する必要が出てきますので、その情報を説明します。

ここまでくると、与えられた仕事の範囲内ではありますが、細かな指示がなくてもある程度自分で考えて仕事ができるようになるでしょう。周囲の人も部下を見る目が変わってくるのではないでしょうか。

3　「甘やかさない」とは、どこまでできるか見極めること

セミナーや研修で人材育成を進めていくためのステップの話をすると、「先生の話は部下を甘やかしているだけではないでしょうか」といわれます。

私は、部下を甘やかすというのは、新たなチャレンジをさせず、今持っている力があれば難なくクリアできる仕事を与え続けていることだと考えています。

なので部下とのコミュニケーションを円滑にするために話を聞く努力をすることや、部下の力量に合わせて教えるステップを低くすることは、甘やかしではありません。

そこで必要になるのが、部下がどこまで仕事ができるのか「見極める」という作業です。

あなたはどうやって部下の仕事のレベルを見極めていますか？　私の場合、仕事を作業レベルまで分解して、それぞれどこまで「できる」のかを確認します。

レベル１　意識しながらできる
レベル２　無意識にできる
レベル３　人に教えられる

部下の仕事レベルを見極める「3つの段階」

レベル1
☆
意識しながらできる
やり方を確認しながら
行うことができる。
レベル2
☆☆
♪
無意識にできる
直観的にできる。
作業に迷いが無い。
レベル3
☆☆☆
人に教えられる
様々な経験があり、
人に教えられる。

「できる」レベルはばらつきがあり、その差はかなり大きいと考えています。

たとえば、最新の多機能の電子レンジを購入したとします。様々な機能がついているので最初はすべての機能をうまく使いこなせません。

取扱説明書を最初に読む派、読まない派がいますが、両者ともレベル１とレベル２が存在します。

取扱説明書を読む派の人は、読みながらどんな機能がついているか把握して、いざはじめてその機能を使用する場合は取扱説明書を読みながら操作をします。（レベル１）

そして、日常的に使う「あたため」などは操作方法を一度覚えると、後は無意識に使えるようになるでしょう。（レベル２）

取扱説明書を読まない派の人は、なんとなく直感的に分かる操作を先に覚えて無意識に使っていきま

す。（レベル2）そして、分からない操作が出てきたときに、取扱説明書を読みながら使います。（レベル1）

家電製品の例で分かるように、レベル2は頻度の多い作業で、直感的に進めるため、取り掛かりが速く、ストレスが少ないでしょう。

一方、レベル1は、たまにしかしない作業で、詳細は分からない（覚えていない）作業であり、手順を確認しながら進めなければならないため、ストレスが掛かります。

一般的に人に教えられるようになるのは、人より2倍~3倍の知識が必要とよくいわれます。それは、教えられる側の疑問点を解決したり、質問に答えられたりする必要があるからです。

そのため、教える側は様々なケースを経験したり想定したりできるだけの、知識と経験を蓄積しておかなければならないのです。

このような点に着目してレベルを見極めると、レベル1とレベル2の差は、「作業の詳細を覚えているかどうか」になります。

しかし、これは見て分からないので、見て分かるポイントを探します。たとえば、私がよくチェックするのは、「わざわざ時間を取って作業をしようとしているか、合間で作業をしているか」です。

レベル1の場合、詳細が不明確で手順を確認しながらの作業になるため、ストレスもかかり、「きちんと時間を取って作業しよう」と考える傾向が強くなります。

また、レベル1の場合は内容が理解できていないためのミスが多くなる傾向もありますが、レベル2になると、レベル1のようなミスは少なくなっても、慣れによるうっかりミスがチェックポイントになります。

レベル3「人に教えられる」へ進む段階となるのは、作業の合間時間をうまく使えるようになり、ミスも無くなりレビュー自体の必要がなくなった、と思うタイミングになります。

人材を育成する上で「人に教える」というやり方は効果的なのです。成長が5倍～10倍になるといわれます。教えることで自分では想像もしていなかった事態が経験できたり、細部を説明するために細かいことまで確認したり、パターンを検討することで一人では蓄積できなかった経験値がたまります。

ただし、あくまで「無意識にできる」レベルで経験を積んだ部下に限ります。レベル1の段階では、いわゆる「時短レシピ」「省力化レシピ」のような本来的な手順を押さえていない亜流のやり方を教えることになり、応用力がつかなくなりますので注意が必要です。

4　チャレンジさせる次の指示は、部下の現在値を知ってから

部下の力を見極め、できなかったことが「できる」ようになると、新たなチャレンジをさせることになります。それは同時に負荷を掛けることになるので、必ず次の3つを把握しておいてください。

①今取り組ませている目標
②今の部下の進捗ぐあい
③次に取り組ませたい目標

①〜③を適切に管理できることがとても重要になります。

あなたの会社には目標管理制度はありますか？　ほとんどの場合、社内で人事評価制度が導入されているため、一応の制度はあると思います。

だた、人事の「査定」としては使っていても「育成」のために利用している企業は少ないようです。制度はあっても、目標は上司が設定した売上目標が振り分けられるだけとか、評価をしても上層部が勝手に修正するので意味がない、などの話はよく聞きます。

可能であれば、こうした社内の目標管理制度を、部下の育成のためにうまく利用してみましょう。制度自体がない、もしくは利用できる感じではない場合は、部下との面談などを使い目標を設定します。

目標設定をする際には、ＳＭＡＲＴの法則という、重要な５つのポイントがあります。

S　Specific　具体的な
M　Measurable　測定可能な
A　Achievable　到達可能な
R　Relevant　関係がある
T　Time-bound　期限がある

Specific　具体的な

目標を設定するときは具体的で誰が読んでも分かる内容にします。

私はよく「どういう行動を取れば良いか分かる内容」と説明しています。

たとえば「売上目標の達成」という目標の場合、設定したいことは分かっても、具体的にどうすれば良いか分からないので、「売上目標を達成するために○○を××する」という行動レベルまで落とし込みます。

Measurable　測定可能な

達成度合が客観的に測定可能である目標にします。

たとえば「○○するように努力する」「○○するように意識する」という目標をよく見掛けますが、「努力する」や「意識する」は内面的な動きであり、客観的に「できた、できていない」が判断できないため、適切ではありません。数字を使ったり、達成後の姿を表現したりして、明確にします。

Achievable　到達可能な

現実離れした目標はモチベーションを下げてしまいます。少し頑張れば手が届くという、現実的に達成可能な内容の目標が適切です。

Relevant　関係がある

目標設定する際に、会社や部署の仕事に関連していることが重要です。「あたりまえ」と思われるかもしれませんが、個人的に成長したい目標だったり、そもそも会社の目標を意識していなかったり、ズレていることが少なくありません。自分の方向性と会社の方向性が一致していることはとても重要です。

Time-bound（based）　期限がある

期限のない目標はいつまでたっても達成できないものです。「Achievable　到達可能な」とも関連しますが、期限は近すぎても遠すぎても現実感が出ないので適していません。たとえば、ダイエットで、一週間後に5kg痩せるという期限はハードルが高いですよね。逆に、3年後に10kgと期限を設定しても、現実感がないですよね。この例でいえば、2ヶ月後に1kg、1年後に10kgやせるなど、現実的な期限を設定することが重要です。

部下の目標設定に必要な「SMARTの法則」

Specific
具体的な

Measurable
測定可能な

Achievable
到達可能な

Relevant
関係がある

Time-bound
期限がある

ＳＭＡＲＴはどれも重要ですが、社内の目標管理制度を利用するのであれば、この中で「Specific　具体的な」と「Measurable　測定可能な」を注意して設定してください。この二つの適切な設定は、部下の育成度の現在値を測定するカギになります。

部下の現在値を「測定」するためにもう一つ重要なことがあります。それは、測定方法を決めておくことです。

どのタイミングで、どの資料から、どういう数値を使って測定するかです。ちなみに、お互いに忙しく仕事をしている中で、「測定」のために新たな資料をつくったりするのは負担が大きく、本来の目的から外れてしまい、本末転倒ですので注意してください。

この設定がきちんとできると、部下の現在値が分かるようになりますので、その値をもとに次の目標を設定することができます。こうした手順を踏むことで「育成のための目標管理制度」になるので、部下の成長につながってきます。

今の目標、現在の位置、次の目標

5 理解できているか測るための、外してはいけない最後の確認

部下の現在値を測るのは、目標管理制度上の面談のときだけ行っていれば良いわけではありません。

定期的な面談だけではなく、月に一回程度の確認を行う必要があります。そのためには前節でもお話したように、「測定」のための資料を「測定」のために作成しなくても数値が確認できるものを準備する必要があります。

さらに、定期的な面談とそれに準じるタイミングで「結果」を評価すれば良いだけではなく、プロセスを評価する必要もあります。

では、具体的に部下の理解の測り方はどのように取り組めばいいのでしょうか。それは段階によりいくつかのやり方があります。

レベル1は「復唱」
レベル2は「質問」
レベル3は「説明」

レベル1「復唱」については、実施している方も多いと思います。「今いったことを復唱してみて」と相手に復唱させる方法です。この方法は、上司であるあなたの話を聞いていれば復唱できます。ただし、内容を理解しているかどうかは不明です。いわれたことをただ単に復唱するだけの場合があるのです。

レベル2は「質問」。これは伝えた指示に対して、いくつかの質問を行う方法です。たとえば、「今週末に○○社向けの報告会があるから、明日の午前中までに○○社に提出する報告書のデータの集計をしておいて」と依頼したときに、「○○社の何の報告か分かる？」「データの集計フォーマットは分かる？」「今回の報告会の目的は何だと思う？」「仮に、AがBであったとすればどうする？」など、依頼した作業の内容について重要なポイントを質問します。この回答を聞いて部下の理解度を測ります。

単に、YESかNOかのクローズエンドクエスチョンだけでは理解が測れない場合が多いので、「何だと思う?」「どうする?」とオープンエンドクエスチョンの投げ掛けも行ってください。考えなければ答えられない質問をすることによって理解度を測ることができます。

レベル3は「説明」です。これは、あなたのいった内容を逆に「説明してみて」と説明してもらう方法です。

ただし何の注文も加えなければ部下はあなたがいった通りの言葉を「復唱」するでしょう。ここでは「復唱」をさせたいわけではないので、ポイントは、たとえば、「新入社員の後輩に説明するとしたら、どんなふうに説明する?」や「自分自身にポイントをかいつまんで説明するとしたらどう説明する?」と聞いたりします。

この「説明」は、分からない人に分かりやすく解説する場合はどうするかという内容の問い掛けです。レベル2の「質問」の場合は、自分の言葉に変換が必要ありませんでしたが、ここでは、部下は頭の中の言葉を、あなたからの指示を把握している言葉に変換して「説明」することとなります。

分からない人に分かりやすく説明するというのは、理解できていないとできない作業なので「説明」させると理解度レベルを測ることができます。

部下の理解度の測り方

レベル1
☆
復唱させる
○×▼
○×▼
復唱をさせて、話を聞いていたかどうか確認する
レベル2
☆☆
質問する
今回の目的は？
考えなければ答えられない質問で理解度を測る
レベル3
☆☆☆
説明させる
・・・・・・・
分からない人に説明させて理解の深度を測る

部下の理解度合いを的確に押さえてゆくために、最初はレベル1の「復唱」からはじめます。「復唱」ができるようになると「質問」に移り、最後に「説明」に至ります。

復唱できない部下は、内容を理解していないどころか聞いていない可能性がありますので、「質問」しても「説明」を促しても答えが返ってきません。この場合もレベル1から順に行っていく必要があります。

こうした確認を日常の業務中に行っていると、部下の状況を常につかめているようになるでしょう。

6　部下を潰さない、えげつない（?）負荷の掛け方

部下としっかり対話とか、できる目標を見定める、という話をすると、部下に甘いのではないですか？　といわれることがあります。いえいえ、私は部下を決して甘やかしません。

部下の状況を見定めながら少しずつ負荷を掛けているので、部下は「ちょっとがんばればできそう」と思い、仕事を続けています。常に新しいチャレンジをさせ続けている状況です。

マネージャーの育成をする際、このステップの内容を説明して、最後に「負荷の掛け方」を話しはじめると、みな絶句して「えげつな！」と引かれることが何度もありました。

部下に新たなチャレンジをさせる場合、「量的な負荷」と「質的な負荷」があります。「量的な負荷」は今まで以上に仕事の量を増やすことで「質的な負荷」は難易度を上げてゆくことです。

部下を成長させるための負荷を掛ける場合、まずは「量的な負荷」を与えることを考えます。

ただし、注意が必要です。「量的な負荷」も「質的な負荷」も、何も考えずに実施する

と、単なるパワーハラスメントです。

あくまで、きちんとコミュニケーションを取り、部下の現在の目標、現在値、次の目標、理解度を確認した上で行わなければなりません。

特に、次の目標をクリアするためには「量的な負荷」をクリアさせなければなりません。

どんな指示をするのか、どのレベルを目標にするのか、ということについてお話する前に、パワーハラスメントの一つである「過大な要求」について説明しておきます。

これは、厚生労働省の定めるパワーハラスメント類型の一つで、「業務上明らかに不要なことや遂行不可能な業務を押し付ける」ことを指します。

ほかの類型では、身体的な攻撃、精神的な攻撃、過小な要求、人間関係からの切り離し、個の侵害、があり、これに先ほどの過大な要求を含め、パワハラ6類型といいます。

厚生労働省のパワハラ6類型

過大な要求
遂行不可能な
業務の押しつけ
仕事
身体的な攻撃
殴る・蹴る・物を
投げるなどの攻撃
過小な要求
簡単すぎる仕事・
仕事を与えない
精神的な攻撃
侮蔑・脅迫・
名誉棄損
人間関係からの切り離し
仕事から外す、
無視をする
個の侵害
職場外で監視したり、
撮影したりする

部下の育成のための負荷であるから、取り組ませる内容は、必ずＳＭＡＲＴの「R.Relevant　関係がある」を念頭に置き、業務に関連のあることを選択します。

そして、量について部下の現在値と理解度合いを見極めた上で、部下が業務時間中に処理できるかできないか、ギリギリのラインを検討します。

次にこのギリギリのラインの量を少しずつ増やしていくのですが、これが私が「えげつな！」といわれてしまう点です。

キツイやり方に見えるかもしれませんが、この「量的な負荷」によって成長させる目的は、「やり方を工夫させる」ためなのです。

部下は自分で処理できない作業量を受け取ると、なんとか時間内に作業を終わらせようと工夫します。

今までの手順を見直したり、自動化させたり、無駄を省いたりするようになるのです。私はこれを「量が質的に転換する」と呼んでいます。

Google社では10X思考といって、最初に設定した目標の桁に0を一つ足し10倍の目標を立てさせ、解決方法を考えさせる思考法があるそうです。

たとえば、A地点から１００ｋｍ離れたB地点まで60分掛かっているのを10％削減して56分で到着するという目標を設定するのではなく、10分で到着するようにするにはどうすれば良いかという目標を設定して取り組むという内容です。

私の「量的な負荷」を掛け「量が質的に転換する」手法は、Googleほどではないですが、従来とは異なる方法を考えさせるために設定する内容なのです。

ただ先ほども話したように、これは無意識に行うとパワーハラスメントです。ハラスメントということは、部下にとって精神的なストレスになりうるのです。そのため負荷の度合いを確認しながら、できるまでは付き添い、部下の状況に気をつけていました。

もちろん場合によっては、考え方ややり方を変えるきっかけを与えたり、ほかの仕事のやり方で参考になる方法を教えたり、次のステップで詳しくお話をしますが、この仕事で本来必要なことは何か、不必要なことはないだろうか、と一緒に考えます。

この「量的な負荷」がある程度クリアできるようになると、「質的な負荷」として難易度の高い仕事を与えても、自分でやり方を工夫することができるので、耐えられるようになります。

このように部下に負荷を掛けることで、常にチャレンジが可能になるのです。

いつもお通夜だったのに、話すようになったと喜ぶ社長

私が支援させていただいた企業の話です。

その会社は製造業で、自社の定番製品を定期的に製造するのと、お客様からの注文を受け、個別にカスタマイズしてつくるオーダー品を製造していました。

その会社の社長から依頼を受けたとき「社員は先のことを考えず目の前のことしかしないので、材料が足りなくなってから倉庫に取りに行く、ひどい場合は足りなくなってから注文するありさまなんだよ。もうすこし考えて仕事できるようになってほしい」といわれていました。

私は、工場長とともに、どういった影響が出ているのか、その結果、どのような損失が発生しているのか、現場では何が起こっているのかを確認しました。

その結果、見えてきたことです。

・自分は全体の作業の中のどの部分を担当しているか分かっていない

・一日の作業量の全体が把握できていない
・複数ある作業指示書の優先順位が分からない
・定番品とオーダー品がランダムに来るので指示が来ないと必要な材料が分からない

このことから、作業している社員は、仕事の全体像をつかめてない印象でした。私が特に感じたのは上層部の「いわなくても分かるだろう」という意識でした。

私は工場長とともに、次のことに取り組みました。

・作業の流れを説明し、それぞれがどんな仕事をしているかを認識させる
・その日の作業スケジュールを各作業現場に大きく掲示し進捗を表示
・定番品とオーダー品の指示書の紙の色を変更
・指示書にそれぞれの製品をつくるために必要な材料の数量を明記
・材料の置き方と置き場を工夫し、箱単位で数量を把握できるように変更

「それぞれがどんな作業をしているか」については、上層部としては「そんなことは知っ

ているだろう、常識だろう」と思っていましたが、全体を通して説明されたことがある社員はごく少数でした。

また、その日のスケジュールについても「作業指示書通りにつくれば必要ないのでは?」といわれましたが社員としては、一日の中でどこまで終わっているのか、次の作業は何かが分かることで、一日の作業の段取りをつけやすくなりました。また作業の見通しがついたことで、漠然としたストレスも解消されたのです。

必要材料数についても「そんなの何をつくるか考えれば分かるだろう」といわれていたので、社員はいちいち考えながら仕事をして、忘れることも多かったのです。


まず、全体の業務の流れを説明し、自分の作業の前工程と後工程でどのような作業がされているか、後工程の人が気にしているポイントは何かを把握してもらいました。

次に、その日のスケジュールを掲示すると「ふんふん、次はあれか」と社員はスケジュール表を見ながら考えるようになりました。また、材料の置き方を変え、大雑把ではありましたが、在庫量を把握し、足りないから急いで準備ということがなくなりました。

指示書の色を変えて必要な材料の量を毎回計算しなくてもいいようにした結果、作業がスムーズに流れるようになりました。

この取り組みでは単に作業がスムーズになったことだけではなく、仕事への意識が大きく変わったことが一番の成果でした。

社長が「作業がスムーズになったこと以上に嬉しいのは、いつもお通夜みたいな会議だったのが、今は社員が話して活発になったんですよ」と喜びながら話してくれました。

ステップ3　合わないルールは変えろ?!　自由に発想させるための環境づくり

ステップ1で土台をつくり、ステップ2で「思考プロセスをなぞらせる」と、手のかかる部下が「変わった！」と感じるでしょう。部下の教育としてはもう少しです。

ステップ3は、部下がもう一段ジャンプアップできるための内容になります。この段階を経験することで、部下はあなたの期待以上の仕事をしてくれるようになります。

また、上司自身も自由に仕事ができるので、ご自身のためにも仕掛けておくと良いと思います。

このステップは「環境づくり」になります。

あなたの会社では、次の状況はありませんか？　こうした環境は、仕事を止めてしまうばかりか、成長を阻害させる可能性があります。

環境①有名無実化しているルールが存在する

環境②すでに賞味期限のきれたルールが存在する

環境③ 付加価値を生まない作業のルールが存在する

このステップの最後でこういった状況を打破するための方法をお話します。とはいえ、組織を大きく変えることは無理なので、まずは自分の手の届く範囲を変えていくことからはじめます。

1 上司ほど、ルールという固定概念にとらわれやすいと知っておく

突然ですが、管理職の3つの要素をご存じでしょうか？　管理職の要素とは一般的に「人材育成」「業務の遂行」「組織方針の遂行」です。

「人材育成」とは、組織を継続的に発展させるために、人材を育成し継続的に働いてもらうようにすることです。

「業務の遂行」とは、日常業務を円滑に遂行するために手順を明確化させ、集団を組織に変えることで効率化を図ることです。ここでいう「組織」とは、アメリカの経営学者であるチェスター・アーヴィング・バーナード（Chester Irving Barnard）が提唱している「共通目的」の達成のために「協働意欲」を持ち相互に「コミュニケーション」している集団です。

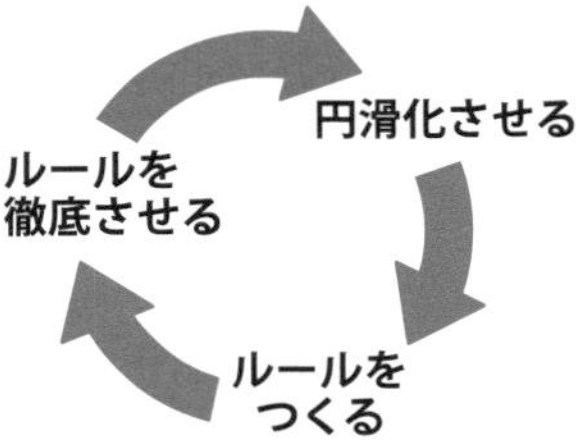

管理職の3要素

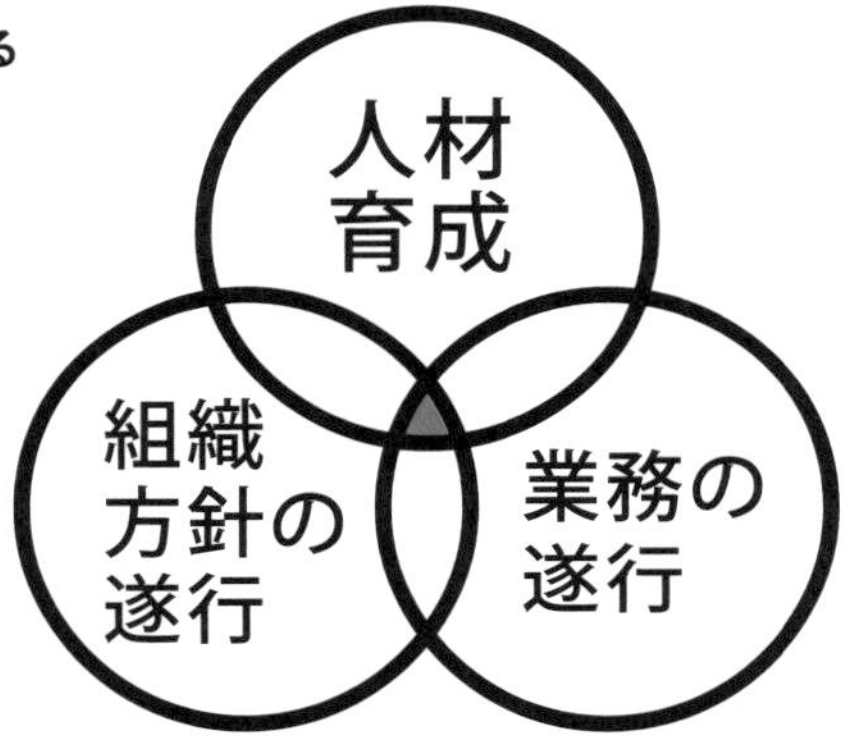

「組織方針の遂行」とは、社内統制として、経営者の打ち出した方針を達成させるため、社内ルールをつくることや、コンプライアンスを浸透させることです。

これを見ると、業務を円滑化するためにルールをつくり、そのルールを徹底させる。そして、ルールを徹底させることで、さらに業務を円滑化させる、といった構造になっています。

業務を円滑化するためにルールをつくり、そのルールを徹底させている人は「きちんとした管理職」というイメージですが「かたい管理職」でもあります。管理職として正しく振舞えば振舞えるほどルールをつくり、増えていく傾向があります。

私が以前勤めていた会社では「立体駐車場への車の入庫、出庫は総務が出勤している時間内にする」ルールがありました。

当時の業務は、取引先の情報システムの管理でした。変更やハードウエアの入れ替え作業は、取引先の業務が終了している時間帯になりますので、自社の業務時間中に帰ってくるということは難しいのが実情でした。

特に私の所属する部署は病院やクリニックといった医療機関が顧客でした。現地でシステムの対応を診療時間外に設定したり、医師や看護師と打ち合わせがオペの後の時間になったりすることも、しばしばありました。

そうすると一般企業の営業時間帯である「9時5時」に収まらないので、そのたびに叱責を受けていました。

あるときの会議で、私の上司が総務部長に「病院のお客様に対応していると業務時間内に入出庫できないのでこのルールは変えられないか」と掛け合いました。

ところが「ルールなんだから守るのがあたりまえ、例外はない」とにべもなく突き放し、さらに、「当社のルールを説明して相手に合わせてもらいなさい、営業なんだからそれぐらい交渉しろ!」といい放ちました。しかし、患者の生命を守る仕事をしている医師や看護師に対して「当社のルールなのでこちらの都合に合わせてください」なんてとてもいえません。

そもそも、このルールは立体駐車場の鍵の管理が総務なので「総務が出勤している時間内」だったのです。結局、私たちの部署の人間は鍵を返せず、ずっと持ちつづけることになりました。

その後も叱責され続けましたが、そのうちほかの部署の社員も返却せず、最後には誰も守らなくなりました。とうてい守れないルールは結局、有名無実化しましたが、社内の規則には残り続けていました。

総務部長としては万が一、立体駐車場でトラブルなどがあれば自分に責任が課せられてしまうので、それを回避したかったのだと思います。

また、私が実際に経験したことで、システムに登録している日報をわざわざ印刷して押印して回覧しているところがありました。

しかも、内容を確認するためには紙よりシステムの方が便利なので、結局回覧された紙はほぼ見ない状況で判を押す行為をするだけでした。

業務円滑化のためにルールをつくり、
ルールありきで考え、ルールにとらわれる

では、なぜ継続しているのか？　それは、「以前から印刷して押印して回覧していたから」でしょう。

なぜこういった現象が起こるのでしょうか？

ルールが増えていく原因として、先ほども話しました管理職の要素である「仕事を円滑化させるためにルールをつくって守らせる」があります。「立体駐車場をきちんと管理したい」ためにルールをつくったにすぎないのです。

ルールをつくる立場になるとルールを守る立場から離れてしまうので、現場の作業が増えるだけのルールが増えるのです。

「管理職は管理したがる」のです。

今のあなたはいかがでしょうか？　ルールをつくり仕事を増やしていませんか？

2　ちょっとまって！　仕事のための仕事を増やしていませんか？

前節では「管理職は管理したがる」とお話をしました。

管理のためにルールをつくるのは理解できるが、それに伴い「仕事が増える」のが困りごとなのです。

なぜ、ルールが増え、仕事が増えるのか。

一つは、目の前の問題を解決しようと、新たなルールをつくるためです。

これは、ある会社の人事評価制度の見直しを行ったときの話です。その会社では半期に一度、自らが自らの目標を設定して達成を測る、目標管理制度（ＭＢＯ：Management by Objectives）を導入していました。目標管理制度なので、当然、各自で目標を立てるのですが、その会社では、社員がつくった目標を管理部長がつくった目標に書き換えさせるという仕組みでした。

手順としては、社員に目標を決めさせた後、各所属長に通達済みの目標を所属長と社員が面談しながら、書き換えるというもので、社員からは「儀式」と揶揄されていました。

そもそも「自らが自らの目標を設定する」という点に反していますので目標管理制度ではないですし、評価についても、各自が自己評価したものを所属長が評価し、その後に管理部長が「会社全体のバランスを見て調整」するので、いちじるしく客観性に欠けるものでした。

管理部長の意図は「各々が低い目標を立てて100%以上の達成が多くなると、賞与支給総額が上がってしまうので、会社にとってマイナスになる」というものでした。つまり、会社のためにやっているんだ、と考えていたわけです。

まだ続きがあります。そのうち、目標を書き換えるというやり方では、会社側が目標を立てて評価をするので、社員のモチベーションが上がらず、スキルの向上にもつながらないと気づきました。やはり「自分で目標を立てさせる」ことになりました。

ここで人事評価とは関係ない「チャレンジシート」というものをつくり出し、個人として達成したい目標を別に設定しました。

つまり、社員は目標管理シートとチャレンジシート両方を作成、所属長はそれぞれの内容を確認しなければならなかったのです。しかも、チャレンジシートは評価に関係がないので「振り返り」がなく目標を設定するだけで終わっていました。

ある管理職のかたが、「部下から、結局修正されるのだったら目標を設定する意味がないじゃないですか、といわれると何もいえません。しかも面談しながら会社側の目標に変える『儀式』がすごくストレスなんです」と、ため息まじりに話していました。

「本来、自分で目標を立てさせれば良いのですが、追加でチャレンジシートを作らせるなんて、単に仕事を増やしているだけ、しかも評価と関係ないので全く無駄です」

ここまで極端な会社はめずらしいかもしれませんが、「目標を設定させた後に上司が考えた目標に設定させなおす」や「評価には使われない目標を設定させる」という話はあちこちで伺います。

もう一つの理由は、過去の仕事のルールを変えられないためです。

どこの企業でも、会議のための資料をつくる仕事は案外多いものです。たとえば、IT化が進んでいる今では様々なデータがシステム化されており、社内のIDがあれば、どこからでもログインして内容を閲覧することができます。しかし、会議のためにわざわざ印刷して配布している企業も多いです。

　ある会社の話ですが、お客様からのサービス利用申込書を、専用のシステムに入力して管理しています。ところがある社員がシステムに入力する前に利用申込書をエクセルの表にまとめていました。何のためか聞いたところ、前任者から継続してやっていることで、毎週月曜日のミーティングの時に、前週の申し込み者の一覧表を使うためでした。

　ミーティングの参加者に確認すると「システムを見れば分かるから、件数をなんとなく確認するぐらい」「あってもじゃまにならない」というものでした。

　以前、お客様サービス利用管理システムが導入される前までは、この作業は重要な作業であったと思いますが、このルールは「賞味期限がきれた」状態だったのです。さらに、お客様の情報が記載されているので、会議終了後にすぐシュレッダーに掛けることになります。

　あなたの会社でも「以前からやっているから」という理由で続けている仕事はありませんか？

　では、以前からやっている仕事をなぜ変えられないのでしょう？

　管理職の方に質問すると「ルールを変更する権限がないから」とか「見直すような立場

ではないから」と話していました。はたしてそうなのでしょうか？

本音は「過去の仕事のルールを変更するデメリットを考えて新たな仕事のルールを考えるのがめんどうくさい」ではないでしょうか。

この例でも、「以前からやっているから」継続的に続けているにすぎませんでした。一覧表が手元にあってもじゃまにならないし、システムをうまく使いこなせない管理職に、操作を覚えてもらうための労力が「めんどうくさい」から変えないのです。

この作業、本当に必要でしょうか？　人手不足はこれからもますます進むでしょう。人的リソースはもっと有効に活用しなければならないはずです。

社内の手続きばかり複雑になり、複雑化した手順を理解してきちんとこなすことに意識がいってしまう。そのような職場では部下は疲弊してしまいます。

ルールを増やし、仕事を増やしてしまう理由

☑ 既存ルールの問題を解決するため

既存のルールの欠損を、
新しいルールで埋めようとする。

☑ 過去のルールを変えないため

ルールを変える手間回避のために、
過去のルールを踏襲し続ける。

3 ルールを改善するときにぶつかる現状維持派

人間には現状を変えたくないと考える傾向があります。これを現状維持バイアスと呼びます。損失を回避したい、心理的に負担になる決断をしたくない、といった思考のクセといわれます。日常の出来事であれば、たとえばこんな感じです。

・いつも行くレストランで、いつも同じものを食べている。違う料理が目に入って気になっても、やはりいつもと同じものを注文する方が落ち着く。

・転職をしたいと思っていても「同じ業界の同じ仕事で、給料が現在より少し良くなる転職のオファーがきたとき」という条件ではじめて、転職するかしないか検討する。

・住んでいるマンションが更新となる。引越しを考えたとしても、似たような間取りで同じ広さをさがしてしまう。その上で家賃が少し安い物件が見つかれば、引越しを本格的に検討する。

消極的に見えますが、現状維持バイアスにはメリットもあります。それは、選択肢を検討しなくて良いので判断が速いことです。また、現状維持を選択している限り決断による心理的なストレスがないことです。

この現状維持バイアスは組織にもあります。組織が行っている活動や組織文化に左右されますが、現状維持の傾向が強い組織の代表としていわゆる「お役所」があります。役所は、ミスを極限まで回避したいと考える傾向があります。その結果、手続き重視になり、前例主義を生みます。

すると前例に則って働くことが「らく」でしかも「良い仕事」になるので、誰も今の仕事を変えようとしません。「波風立たず、何も問題が起きていないことが良い」のです。何かを変えることを忌避する傾向といえるでしょう。

大小はあれど、あなたの職場でも似たようなことが起こっていないでしょうか。何かを変えようとすると「現状維持派」が出てきて、変えるのを阻止するのです。

とある公立病院の話ですが、事務の部署に新たに赴任してきた課長さんがいました。その課長さんは上部組織である自治体からの定期的な人事異動で赴任してきたばかり。新任の課長で、2年後には人事異動で元の自治体に戻る人です。

私は、この方に現在の院内のシステムの改善提案をしておりましたが、全く良い反応を示しません。当初は「来たばかりで状況を把握していない」といわれ、半年たつと「上司の判断をもらわないと分からない」に代わり、さらに半年後には「決めるだけ決めて、導入とかのめんどうごとを後任に丸投げするのは無責任だから」と、結局何も決めることなく、2年の任期を終えて異動していきました。

もちろん、この課長さんは、本当は果敢に現状を変えていく人かもしれません。決断しなかったのは、私の提案に魅力がなかっただけかもしれませんし、取り組むべき優先順位が低かっただけかもしれません。

現場スタッフからは「変えてもらえたら仕事が効率的になるんだけどな」という声はありましたが、院内のシステムは更新されませんでした。

別の話ですが、産休で欠員した人材を募集したくて人事担当者に相談をしました。しかし「例年にないタイミングでの採用は前例にない」といいます。産休の欠員を補充するためであり、人件費も問題なく、採用理由としては妥当ではないかと食い下がりました。

すると、今から起案をつくり、募集要項をつくり、一次面接、二次面接をするとなると、手間がかかるのでやりたくない、「実際にやる人のことも考えろ！」と恫喝するのです。

結局、私は人事担当者の上司に相談し「妥当だ」との判断のもと、上司から業務として「指示」をしてもらい欠員を補充することができました。

組織の中で現状を変えたくない人はたくさんいます。そして現状を変えたくない理由があります。その理由の多くは、「今の方が自分にとって都合がいいから」なのです。

現状を変えたくない人たちとは、

・何も考えずに仕事をしたい人
・判断するストレスを回避したい人
・既存のやり方で既得権益が得られる人

です。

現状維持派3類型

いつも通り♪
1 何も考えずに仕事したい
考えたくないから
No!
2 判断するストレスを回避したい
♪
3 既存のやり方で既得権益がある

ルールを変えるときは、必ず変えたくない人がいることを忘れず、抵抗があることを想定しておきます。改悪になることならともかく、改善になるのであれば、変えられるものは変えるべきです。

でも、やはり抵抗されることはいやですよね。では、どのように変えていくか、それを次にお話しましょう。

4　さあ！「ノールール」で新しいことをやらせてあげましょう

ここまでで、上司はルールにとらわれがちになること、ルールが増えると仕事が増える、しかも現状を変えたくない現状維持派が抵抗するというお話をしました。

あなたは「八方ふさがりじゃないですか」と思うかもしれません。しかし、変えられるルールがあるかないか、変えられるとしたらどこが変えられるかを考えましょう。

はじめにお断りしておきますが「ノールール」といっても野放しにしていいというわけではありません。

また、あなた自身も「上司」であり、組織のルールにとらわれている可能性があるので、そこも念頭に置いてください。

まず、考えてほしいのは、仕事の動きを止めてしまう状況です。左記①〜③の環境について考えていきましょう。

環境①　有名無実化しているルールが存在する

環境②　すでに賞味期限のきれたルールが存在する

環境③　付加価値を生まない作業のルールが存在する

環境①　有名無実化しているルールが存在する

有名無実化しているルールとは、誰も守っていないルール、実質的に意味がないルールです。つまり、あってもなくても良いルールです。

先にお話をした「立体駐車場に車を入庫、出庫するのは総務がいる時間内でなければならない」というルールも、各自が立体駐車場の鍵を持つことにより、ルールが有名無実化してしまった例です。

あなたはこのルールを無くすことについてどう思いますか？　現状維持バイアスが出てくると「管理されていない状態をつくることは問題だ」と考え、「立体駐車場で何かトラブルがあったら誰が責任を取るんだ」などと考えるでしょう。しかしそれは、あなたの中の現状維持バイアスではありませんか？

すでにルールを守る意味がなく、規制ができない状態であるなら、思い切って無くしてみてはどうでしょうか。

環境②　すでに賞味期限のきれたルールが存在する

すでに賞味期限がきれたルールは、ルールをつくった時点では有効であったが、現在では有効性が失われており、ルールそのものの目的が弱くなっているものです。

先にお話しした「会議のために一覧表を作成しておくこと」が該当します。このルールはお客様サービス利用管理システムが導入されるまでは必要でしたが、いざ導入されてしまうと作成する目的が弱くなり「あってもじゃまにならない」程度になってしまいました。

あなたは、この見直しについてどう思いますか？　現状維持バイアスが出てくると、「あれば便利であるならあった方がいい」「何かに使うかもしれない」「ここでその項目を無くすと何か影響が出るのではないか」と考えるでしょう。場合によっては「検証するのがめんどうくさいのでやりたくない」と考えるかもしれません。

あなたの会社でも、使っている申請書や報告書、データを入力する項目で、もう使用していない項目や、昔は必要だったから調べて入力しているけれど、今は何に使われているかそのデータが重要なのか分からない、という項目はありませんか？　まずはここから見直しましょう。

環境③ 付加価値を生まない作業のルールが存在する

付加価値を生まない作業ルールとは、付加価値を生まない作業をさせるルールです。そんなルールなんてないよ！　とあなたは思うかもしれませんが、付加価値を生まない作業は存在します。

トヨタ自動車の「トヨタ式カイゼン」の中に、7つのムダというものがあります。それは、加工、在庫、造りすぎ、手待ち、動作、運搬、不良・手直しです。「かざってとうふ（飾って豆腐）」と呼ぶそうです。

この7つのムダを徹底的に洗い出してカイゼンしてゆくことで付加価値を高めることができるのです。

どれも重要なことですが、私が、あなたに付加価値を生まない作業として見直してもらいたいのは、「加工のムダ」の中にある「検査」です。

仕事をしているとミスを防ぐために「確認作業」をします。それが重要であれば「ダブルチェック」になり、さらに進んで「トリプルチェック」となる場合もあります。特にミスがあると、次からミスが出ないようにするため、チェック体制の強化が行われることも多いです。しかし、これは付加価値を生みません。

考えてほしいのです、今回発生したミスはどれぐらいの発生確率だったでしょうか？　そして、そのミスをリカバリーするためにどれぐらいの時間を必要としましたか？　また、同時に、チェック体制を強化した場合にどれぐらいの時間が費やされるでしょうか。そう考えると「チェック体制の強化」による効果はどれぐらい出るのでしょう。

一人がミスをすると連帯責任的に全員がダブルチェックをするルールが新たに取り入れられる、といったことはありませんか？


この付加価値を生まない作業のルールは先にあげた二つよりも、ルールを変更することが難しくなります。

なぜなら「ミスはダメ、絶対ダメ」と現状維持バイアスが出るからです。でも考えてください、その行為自体が無駄に時間を費やしているのです。

さらに、どれぐらいの効果を生むのか考えてみてください。もちろん、どれだけ時間を掛けてもミスは絶対に許されないという仕事もありますが、今対象としているのはそういった仕事でしょうか。あなた自身の中の現状維持バイアスで判断しているだけではない

見直すべきルールのポイント

でしょうか？

今回、変えてほしいのは、あくまで自分の手の届く範囲のルールです。現状維持派を押し切ってまでも改革をしろとはいいません。まずは、自分で仕事がしやすくなるように手の届く身の回りの仕事を変えるのです。

変えていく上で、目を付けるポイントは3つあります。

ポイント1　管理者がおらず、ルールの重要視がされていないどころか、存在自体認識されていない
ポイント2　本質さえ満たしていれば、どのようなルールであっても良い
ポイント3　ルール設定者や管理者の精神的な安心感が得られれば良い

あくまで、自分の手の届く範囲で変えていくことを考えると、この3つのポイントにひっかかるものを見つけてください。

事例とともに改善方法についてお話しします。

ポイント1　管理者がおらず、ルールの重要視がされていないどころか、存在自体認識されていない

以前BtoBのアウトソーシングの職場でインサイドセールスのマネージャーをしていたときの話です。とあるプロジェクトで毎日、朝礼と夕礼をしていましたが、形骸化しており、一日二回も実施する必要があるのか疑問でした。

そこで私は朝礼と夕礼を廃止して、昼休みの後に昼礼を行うことに変えました。朝礼も夕礼も、情報を伝達することを考えると必要なことだとは思います。

しかし日々新たな伝達事項が大量に発生することも、朝決めたことを夕方変更する「朝令暮改」もほぼありません。一日二回、朝礼、夕礼を継続しているのは「なんとなく続けている」だけでした。

上司は現場にいないので、このルールは知っていましたが、そこまで重要視していない状況でした。変更の相談をすると、情報伝達がきちんとできるなら問題ないとのことだったので、時間のムダをなくすため昼礼へと変更したのです。

部下たちも口には出さずとも「ムダでしょ」と思っていたようで、とても歓迎されました。

しかも、この変更により、朝9時から営業コールをスタート、夕方18時ぎりぎりまで稼働できるようになったのです。その結果、担当者との有効会話率が飛躍的に伸びるという成果も出すことができました。

あなたの上司がそのルールを重要と考えているかどうかは、

・つくった人は誰で、いつ頃から運用されているか
・上司が現場に近く興味があるかどうか
・突発的なことが起これば優先順位が下がるか

を確認すると見えてきます。

この3つの条件に当てはまれば変更が容易である可能性が高いです。

ポイント2　本質さえ満たしていれば、どのようなルールであっても良い

これも私の経験ですが、大きなひとつの枠内へ自由記述する形式の報告書に、毎日の活動内容を記載したものを、印刷して事務局へ提出する、というルールがありました。

実は、事務局側には、チェックする記載項目がありました。必要な項目が記載されていないと、本人による修正が必要でした。また、記入された金額を、わざわざ電卓で計算し合計を記入していました。

事務局に確認したところ、印刷されたものを確認するし、チェック項目さえあれば良いとのことでしたのでワードの報告書をエクセルに変更し、必要項目の記入欄をつくり、定型的なものは選択式やチェックボタンをつくり、金額は自動計算するように設定しました。

部下は記入もれで突き返されることもなくなり、20分かかっていた報告書作成時間が5分に短縮することができたと喜びました。

報告書の書式変更により、毎日帰る時間が15分早くなりました。


本質さえ満たしていれば良いと考えているかどうかは、
・何のためのルールなのか
・最終的なアウトプットとして、何を求めているのか
を確認すると見えてきます。

ポイント3　ルール設定者や管理者の精神的な安心感が得られれば良い

金曜日の夕方に営業メンバーを集めた営業ミーティングを行い、月曜日の朝にも同じメンバーを集めたミーティングを行っていました。

土日はお休みなので、金曜日の夕方から月曜日の朝までに事態が動くことはほとんどあ

りませんから、営業のミーティングを金曜と月曜に実施しても営業成績は少しも改善されません。

しかも、営業先の状況はクラウド型のＳＦＡシステムで管理しているので、状況はすべて分かっています。

私の上司の関心事はきわめて単純でした。それは、営業成績の状況の良し悪しだけです。悪ければ、自分の上司から、理由を求められるとともに、部下をきちんと管理できているかという「行動」を問われるのです。

ミーティングをしていれば、管理という「行動」をしているので、「やることはやっているので仕方がない」と自分自身を納得させ、精神的な安心感を得ているのです。こんな理由のために行われているミーティングもあるのです。

この件についてはＳＦＡシステムで管理されているので、システムの中のレポート機能を使い、現在の状況と、営業的にまだ動いていない「案件の芽」について、一覧表にできるようにしました。

月曜日の朝にこの一覧表を提出してから、ミーティングをするように変更しました。

これにより、現在の営業成績だけでなく将来の案件の芽を認識することができたので、私の上司は精神的な安心感を得られ、金曜日の夕方のミーティングを無くすことができました。

精神的な安心感を求めている場合は、
・そもそものルールは必要なのか
・何をもっとも恐れているのか
・何があれば心配事を解消できるのか
を確認すると見えてきます。

ここまで自分の手の届く範囲でルールを変更してきましたが、重要なのは、変える姿を部下に見せることです。ルールは変えることができるのだと教えることで、「なんでもあり」と考えられるようになります。

良い意味でも悪い意味でもルールに縛られなくなるので、弊害が生まれるかもしれません。ときにはあなたがつくったルールに対して「ルール無用」ということもあるかもしれません。

しかし自らルールを変えることができれば、仕事が飛躍的に広がり面白くなります。それは成長へとつながるはずです。

なぜなら、変えられないはずのもの（ルール）を変えたという体験により、自らの能力を有能だと認められる「自己有能感」を得られるからです。

さらに、変えたルールによるリターンがあれば、まわりの役に立てたという「自己有用感」が生まれるでしょう。こうした二つの体感により「自己肯定感」が醸成されていくのです。

ただし、ここで注意です。ルールを変えるためにはもう一つ重要なことがあります。それは、「ルールを知ること」です。

ルールの内容だけでなく、どんな目的でできたのか、どんな背景だったのか、誰がつくったのか、知ることです。そして、今も有効なルールなのかを調べ、変えられるかどうかを考えてみてください。

ルールを変えるために、ルールを知る

現場SOS④　採用コストの回収ができない?!

私は、ベンチャー企業に勤めていた際、営業の現場マネージャーをしながら採用にもたずさわっていました。合同就職説明会で説明し、社内説明会にも対応し、採用面接の面接官、新入社員研修のメイン講師をしていました。そのため関わった新人が後ろ向きな理由で退職するのを見るのはつらかったです。

採用のとき、あんなに目をかがやかせて希望に満ちあふれていた社員が、ほんの数ヶ月で濁った眼をして退職してゆく姿に心を痛めていました。

ただし、これは決してヒューマニズム的な感傷からくるものではありません。なぜなら、人を採用するには時間とコストが掛かることを知っているからです。

管理職セミナーでは「採用コストの回収を意識してください」と説明しています。もし、採用に費やしたコストを回収できなければサンクコストして回収できなくなってしまうからです。

会社側の立場に立つと、採用した人が長いあいだ、高いパフォーマンスで、仕事をしてくれるよう目指すことがもっとも重要です。

新入社員が回収できるコストは少ないです。採用時のコストを早期に回収し、なるべく多く会社に貢献してもらうためには、育成が重要になるのです。

今は昔に比べ労働市場が流動的です。マイナビキャリアサーチLab（https://career-research.mynavi.jp/reserch/）の調査によると２０２２年の正社員の転職率は７・６％とのことなので、昔に比べて転職する人は多いです。

こうした実態を考えると、なるべく早く育成しなければなりません。手のかかる部下は「伸びしろ」が多いので、できる部下よりも大きく成長します。それを考えると、「手のかかる部下こそが組織を変える」のです。

本当に部下が変わるのか?! 【エピソード③】

手のかかる部下から、立派なマネージャーに?!

これは私が管理職として取り組んだときの話です。

BtoBの営業のアウトソーシングをインサイドセールスの形式で提供する仕事でした。当社社員はいわゆる「営業」の社員ばかりです。

私の部署へ一人の部下が異動になりました。前の上司からの評価は次のようなものでした。

・他人のアドバイスを聞かない傾向がある
・会話のスキルは高いがやや表層的な傾向がある
・ある程度の成果が出ると途中で手を抜く傾向がある
・上司がいったことを忘れる傾向がある
・表面的な理解にとどまり本質的な理解に至らない傾向がある

しばらく仕事ぶりを見ていると、たしかにどの傾向もあてはまります。

ただ、会話自体のスキルが高くコミュニケーション能力がある。瞬間的に全体像をつかみ取る能力もあると感じていました。

彼は基本的な能力を持っているので、表面的ではなく、もう一歩進んだ本質的な理解をさせる必要があると思いました。

そこで彼にとって「仕事をする理由」となるメリットを探したところ、プライベートを重視するタイプで「推し活」に力を入れていました。

仕事のスケジュールをある程度自分でコントロールできることがもっとも望ましく、ただ「推し活」のための資金は常に枯渇している状態で、なんとか捻出したいと考えていたのです。

私は「推し活を存分に楽しめるように仕事をしないか？」と提案し、それを実現させるためにどうすれば良いか？　を考えることで合意しました。

また、そのときに取り組んでいる仕事が、うまくいったときとうまくいかなかったときの違いについて、自分自身の印象をかならず振り返らせるようにしました。

その後、上司である私が、どのように考えているかを説明し「思考をなぞらせる」ことをしていきました。

特に彼の場合、瞬間的に仕事の全体像を把握できる力があるので「条件の変更」を意識させ、彼の中でいろんなケースを試させたのです。そうすることで、表層的な理解から一歩踏み込んだ理解へつながるよう指導しました。

基本的な能力があったので「さぼる」ことがなければ、彼も自分にできることが分かってきたようでした。「推し活」に影響が出ない範囲を守りつつ、徐々に負荷を掛け、今まで以上の仕事をさせました。

やがて彼の実績と能力が認められ、私の後任として、自分が配属されていたプロジェクトのマネージャーをすることになりました。

しかし彼は配属された頃「僕はこれでも5年間の営業経験があります。自分のやり方があるんです」と、私の話を聞きませんでした。マネージャーに昇進した際「昔そんなこといっていたね」というと、彼は頭をかきながら、「そんなこといいましたっけ？　僕は岡本さんのいうことを素直に聞くタイプだったでしょう?」ととぼけていました。

いつのまにか成長して私の後任になっている姿を見て、とても嬉しかったことを覚えています。

4章

部下育成の仕組みづくりがもたらす最大の成果とは

序章から基礎編、実践編のステップ1、ステップ2、ステップ3とお話をしてきましたが、終章では部下を育成した後にどのような変化が起こるのかについてお話したいと思います。これは、私の経験でもあり、私の部下の経験でもあり、私が関わらせていただいた企業の管理職の経験です。

1　育成スキルが職場に与える効果

私が今までお話をしてきた「育成スキル」を身に付けた結果、どのような変化がもたらされるでしょうか。本書は部下の育成について書いていますので、当然部下は変化しますが、変わるのはそれだけではないのです。

・社内が活性化する

「たのしい」と「らく」は同じ漢字を使いますが、「たのしい仕事」と「らくな仕事」はどちらが長続きすると思いますか。

同じ仕事であれば「らく」な方がいい、「らく」で給料が良い仕事があればやりたい、と考えられるかもしれませんが、実際はそうでもありません。

アメリカの人類学者のデヴィッド・グレーバーの著書『ブルシット・ジョブ――クソどうでもいい仕事の理論』（株式会社岩波書店、発売日2020年7月29日　訳者　酒井隆史ほか）の中で、「人の役にたたないが『らく』で給料の良いブルシット・ジョブ（クソどうでもいい仕事）は継続して働くことができない」と事例が書かれています。人は「らく」で人の役に立たない仕事よりも、人の役に立っていると感じられる仕事に、やりがいを感じ続けることができるのです。

ステップ3までを経験した部下はどのように変わるでしょうか。

「やりたいこととは違う仕事にたずさわり、一生懸命仕事をしても成果があがらず、評価もされていない状態」から、「自分ごととして仕事を捉え、考えて行動をして、仕事に意義を感じるようになっている」はずです。「らく」ではないけれど、「たのしい」と感じているのでしょう。

さらに、成果を上げたという体験を通じて、自然と自らの存在意義――自信を持つようになります。その自信がベースとなり、また次のステップへと成長を続けていくのです。

そのような部下が増えると、組織の中においても、積極的に物事へ取り組む雰囲気が生まれ、チャレンジする文化が醸成されます。

この雰囲気こそが、上司であるあなたが望んだものではないでしょうか。

・高い次元の仕事ができる

部下が自分で考えて動けるようになると、育成やフォローに時間を費やすこともなくなるので、あなた自身も新たな仕事にチャレンジできるようになるでしょう。

あなたの部下全体に、あなたの指示が伝わり守られるので、チームが自分の思うように動き出すでしょう。それは、指の先や足の先まで、まるで自分の身体のように自由に動かせる感覚に近いと思います。

その先はどうなると思いますか？　これは私自身が経験したことですが、力をつけ成果を出した部下は実力を認められ出世します。

あなたの部下は新たな管理職となります。中には、上司ではない立場で新たに管理職となった元部下の成長を見守ることもあるかもしれませんが、その部下の育成はいったん手が離れます。すると、次の部下の育成を行い、また、その部下が管理職になる。そうしたことをくり返すうちに、あなたの組織は大きく成長するでしょう。

あなたはより高い次元の仕事を任せられるようになります。今までは決められた枠組み

育成スキルが向上することで起きる二つの効果

社内が活性化する

部下が自分の力でチャレンジする文化が醸成される。

高次元の仕事ができる

部下に押し上げられるように出世し、
部下を力強い味方として新しい仕事にチャレンジできる

の中で仕事をしていたものが、これからは枠組みを自由につくることができるようになるのです。

これまでできなかった新たなチャレンジをするときには、かつての部下たちがまた部下になりますが、あなたの力強い味方として、存分に力を発揮してくれるでしょう。

そして、それはあなたがこれから経験することです。

2 上司から部下へ受け継がれる想いが組織を育てる

上司であるあなたが経験することについてお話をしましたが、少し引いた視点で考えてみましょう。

ステップ3で、管理職の3つの要素について「組織方針の遂行、業務の円滑な遂行、人材育成」とお話をしました。では、管理職のもっとも重要な「役割」とは何だと思いますか？

それは、部下のキャリアに影響を与える存在であるということです。

家庭で生活スタイルが親から子どもへと継承されるように、会社でも上司の行動が部下へと継承されます。部下はあなたの行動を見て学び、あなたに教えられたことを自分の部下に教えるのです。

もちろん、反面教師という言葉もありますので、すべての上司の行動が、というよりすべての上司が部下から学びの対象となる存在であるわけではありませんので、あの人みたいになりたくないという人もいたでしょう。

思い出してください、入社したときの上司はどんな方だったでしょうか？　その方から教えてもらったもっとも印象的なことはどんなことでしょうか？　そして、あなたはその方から教えてもらったことを部下に教えていませんでしょうか？　人は自分が教わった通りのことをするのです。

つまり、あなたの部下に対する想いややり方は、部下に伝わり、そしてその部下へ伝わるのです。

企業の文化は人がつくります。先ほど、「そのような部下が増えると、チャレンジする文化が醸成される」と話しましたが、人を育てる文化も伝えられ醸成されるのです。

あなたが取り組んだことが次の世代に伝わり、さらに次の世代にも伝わると、組織は「学習する組織」になるでしょう。

ピーター・M・センゲ著の『学習する組織　システム思考で未来を創造する』（英治出版株式会社　発売日　２０１1年6月21日　訳者　枝廣淳子、小田理一郎、中小路佳代子）によると、学習する組織とは、「目的を達成する能力を効果的に伸ばし続ける組織であり、その目的は皆が望む未来の創造である。」と定義されています。

また、学習する組織であれば、「変化の激しい環境下で、さまざまな衝撃に耐え、復元するしなやかさをもつとともに、環境変化に適応し、学習し、自らをデザインして進化し続ける組織である。」とも定義しています。

人を育てる仕組みづくりをすることで、組織は「学習する組織」となるので、先ゆきが不透明なビジネスモデルの変革をしてゆかなければならない世の中だとしても、持続可能な組織をつくることができるのです。

3　自由に生きる

総務省統計局のデータによると、２０２3年10月の日本の人口は約1億2，４３５万人です。日本の人口は２００８年の1億2，８０８万人をピークとして減少しています。日本の人口が減少していることを考えると、人手不足はますます深刻化すると考えられます。

どこでも通用する武器が手に入る
Employability

自分の能力を正当に評価してくれる環境への転職に役立つ

こういった状況では、企業は生き残りをかけて有能な人材をいかに確保するかということに力を入れていくことになりますが、そもそも人がいない状況を考える、激化している人材獲得競争に身をさらし「獲れる・獲れない」を繰り広げるよりも、人材を育成できる力がある会社の方が有利にはたらきます。

そう考えると、人材を育てる「育成スキル」は非常に重要になります。つまり、どこの会社でもそのスキルを持った人材は、手放せない存在になるのです。

これは、いわゆる従業員として継続して雇用される能力であるエンプロイアビリティ（Employability）です。このエンプロイアビリティは、社内で継続して雇用されるという意味だけでなく、「雇われる能力」でもあるため、あなたの「育成スキル」は価値があると判断されるのです。

何より「育成スキル」は他社からも認められる価値となります。今の場所に固執する必要もなくなるので、自由に考え、発言し、行動することができるでしょう。

現在の置かれた場所で働くこともできるし、新たな場所にチャレンジすることもできる、選択の自由を得るのです。

私自身は二回転職をした後に独立をしましたので、キャリアアップにつながる「前向きな転職」については否定しません。

その時々の状況などにも左右されるので、よく考えた上で決断するべきでしょうが、転職するのもしないのも自由なのです。

こうして、あなたは自由を手に入れるのです。

おわりに

「人を変えようとしなければ、人が変わる」逆説的な進化論

「他人と過去は変えられない、変えられるのは自分と未来だけだ」とは、カナダ出身の精神科医のエリック・バーン（Eric Berne、１９１０年5月10日〜１９７０年7月15日）の言葉です。

しかし、私たちは変えられないと分かっていながら「変えたい」と思ってしまい、うまくいかず悩んでしまうのです。これは、友人、恋人、家族だけでなく、上司と部下の関係においても同じだと思います。

本書は、部下を変えるのではなく、自分も変えず、「仕組み」を変える方法を説明したものです。

基礎編では、部下を育成するための土台ともいえる、コミュニケーションについて話をしました。このコミュニケーションができないと、「部下をむりやり変えよう」として、育成の効果に大きく影響します。また、実践編のステップ１以降の内容が心理的な負荷を掛けるだけの「パワハラ」になってしまいます。

実践編ステップ1では「考えさせるために考えさせない」とはどのようにするか説明しました。部下に必要以上に悩ませず、繰り返し行動させることが重要です。

ステップ2では、あなたがどのように考えているかという「思考プロセスをなぞらせる」ことで学習させ、部下の状況を見極めつつ慎重に負荷を与え仕事のできる範囲を広げていくことをお話しました。

ステップ3では、自由に仕事をするための仕掛けとして「ルールは変えられる」ということを実践し教えることをお話しました。

私はあなたに、
・部下を切り捨てず部下の持つ可能性を広げてあげてほしい
・管理職として「できる」と自信を持ってほしい
・うまくいった成功体験を次の世代に伝えてほしい

そして、部下を育成するストレスから解放され、わくわくしながらおもいっきり仕事をしてほしいと願っています。

あとがきと謝辞

本書をご購入していただき、ありがとうございます。少しでもご興味を持っていただき手に取っていただいたこと自体ありがたいと思っています。

本書は私にとって初の出版になります。出版は一つの夢であり、目標であったので、夢や目標がかない嬉しい反面、ちゃんと売れるのか、どのような反響があるのか、と戦々恐々としています。

私ごとですが2023年12月で50歳になり、ようやく人生の折り返し地点に立ちました。このタイミングで今まで経験し学んできたことを形にでき、感無量です。本書の核になっている様々な経験をさせていただいた上司や先輩、一緒に試行錯誤してくれた仲間たちに感謝したいと思います。

地方の経営コンサルタントにとって、出版は夢やあこがれではないと背中を見せていただいた四国ビジネスコンサルタント所長　東矢憲二先生、ぼんやりとした出版したいという話を聞いていただき様々なアドバイスをいただいた、元氣ファクトリー株式会社代表取締役　小島俊一先生、本気で出版に取り組むためのアドバイスをいただいた、アクトドリームサポート合同会社代表社員　中村博氏、出版企画書をつくりあげる上でアドバイスをいただいた株式会社Ｊディスカヴァー代表取締役　城村典子氏、皆様にこの場を借りてお礼を申し上げます。

　イラストを描いていただいた石田祝子さん、いつも遅れて申し訳ございませんでした。適度な督促があったおかげで仕上げることができました。

　普段、どうでも良いことからビジネスまでいろいろな話をしている、勲矢さん、葛石さん、雉鳥さん、相馬さん、大輔さん、大ちゃんさん、千代子さん、戸田さん、なかよし先生、はせかよさん、松井さん、光成さん、充さん、みどりさん、よしえさん、芳美さん、いつも刺激をありがとうございます。自分のビジネスを進めながら仲間に忌憚のない意見をいい合える場は、私にとってとても貴重で有意義な存在です。

　最後に、いつも応援してくれている妻と家族に感謝したいと思います。

２０２３年12月　岡本　陽

[著者プロフィール]

岡本陽（おかもと・あきら）
人材育成コンサルタント
IM ソリューションズ株式会社　代表取締役

専門分野は「人材の活用・育成」×「IT」を通じた組織の活性化や、訪問しない営業のインサイドセールス。自身のコンサルタントとしての経験から、独自のノウハウを提供している。

民間企業だけでなく、自治体、商工会・商工会議所、中小企業大学校などでのセミナー・研修の講師実績も多数。

大学卒業後、ITベンダーに勤務したのち、BtoBの営業アウトソーシング会社へ転職。

マネージャーとして人材の育成をしながら、採用、社内研修講師などを経験。

独立後は、愛媛県よろず支援拠点のチーフコーディネーターを経験し、6000件を超える事業者支援と並行して、専門人材の活用を通じた副業人材のマネジメントについても学ぶ。

部下《ぶか》の育成《いくせい》は仕組《しく》みが9割《わり》

6000の現場《げんば》で磨《みが》かれた実践《じっせん》メソッド

2024年5月28日　初版第1刷

著　者／岡本陽
発行人／松崎義行
発　行／みらいパブリッシング
〒166-0003 東京都杉並区高円寺南4-26-12 福丸ビル6F
TEL 03-5913-8611　FAX 03-5913-8011
https://miraipub.jp　E-mail: info@miraipub.jp
企画協力／Ｊディスカヴァー
編集／東野敦子
ブックデザイン／池田麻理子
発　売／星雲社（共同出版社・流通責任出版社）
〒112-0005 東京都文京区水道1-3-30
TEL 03-3868-3275　FAX 03-3868-6588
印刷・製本／株式会社上野印刷所

ISBN978-4-434-33964-6　C0034